Johanna Barbara Sattler

Übungen für Linkshänder

Schreiben und Hantieren
mit links

W0039303

Ⓐ Auer Verlag

Gedruckt auf umweltbewusst gefertigtem, chlorfrei gebleichtem und alterungsbeständigem Papier.

11. Auflage 2012
© Auer Verlag
AAP Lehrerfachverlage GmbH, Donauwörth
Gesamtherstellung: Auer Buch + Medien GmbH, Donauwörth
ISBN 978-3-403-**02778**-2

www.auer-verlag.de

Inhaltsverzeichnis

Beilage: Schreibunterlage für Linkshänder in Originalgröße

Vorwort

Wir haben noch kein Klima der Selbstverständlichkeit, was Linkshändigkeit angeht. Eltern reagieren teils immer noch verunsichert, wenn sie Anzeichen dafür entdecken, dass ihr Kind die linke Hand bevorzugt. Die Ratschläge, die sie aus ihrer Umgebung erhalten, sind nicht immer förderlich. Nicht selten setzt auch heute noch ein leidvoller Prozess für das linkshändige Kind ein, an dessen Ende mehr Probleme als am Anfang stehen. Dies zu verhindern, ist das wichtigste Anliegen dieses Buches. Es will linkshändige Kinder und ihre Eltern unterstützen, ihnen Hilfestellungen anbieten, damit das Schreiben „mit links" funktioniert.

Linkshändige Kinder können genauso schön und genauso hässlich, genauso schnell und genauso langsam schreiben wie rechtshändige Kinder auch. Unterschiede in der Schreibfertigkeit sind stets auf Einwirkungen durch andere Umstände als die Händigkeit zurückzuführen. Eine sorgfältige Diagnose kann hier Klarheit schaffen. Um Schwierigkeiten vorzubeugen, kommt es vor allem für die linkshändigen Kinder beim Schreibenlernen auf die richtigen Hilfestellungen an. In der Regel haben sie auch keine Vorbilder für das linkshändige Schreiben. Sie müssen in einer rechtshändig orientierten Umgebung den eigenen Weg zum Schreiben finden.

Die Verfasserin dieses Buches hat sich nicht nur intensiv mit den wissenschaftlichen Erkenntnissen und Grundlagen beschäftigt, sie kann vor allem aus einer langen Erfahrung in der Beratung und Behandlung von Linkshänderinnen und Linkshändern sprechen. Mit größtem Engagement hat sie seit vielen Jahren das Thema „Linkshändigkeit" in das Blickfeld der verantwortlichen Pädagoginnen und Pädagogen gerückt. Immer wieder habe ich ihre Kompetenz in Anspruch nehmen können, wenn ich Studierenden die konkrete Auseinandersetzung mit dem Thema Linkshändigkeit ermöglichen wollte. Sie hat den Blick dafür geschärft, dass die Probleme linkshändiger Menschen in erster Linie auf den unangemessenen Umgang mit der Linkshändigkeit zurückzuführen sind. Die Hilfsmittel, die sie selbst entwickelt hat, sind in diesem Buch vorgestellt.

Ich wünsche mir, dass dieses Buch in möglichst viele Hände von Eltern, Lehrerinnen und Lehrern kommt, damit Linkshändigkeit als Risikofaktor für eine gedeihliche Entwicklung schließlich keine Rolle mehr spielt.

Prof. Dr. Angelika Speck-Hamdan,
Ludwig-Maximilians-Universität München

Einleitung

Wem nur gehören diese Hände?

Wir erleben seit der zweiten Hälfte des vergangenen Jahrhunderts einen fortwährenden Anstieg der Akzeptanz von Linkshändern, die sich in den kommenden Jahren sicher noch weiter verstärken wird.

Es ist keine Ausnahme mehr, dass in deutschen Grundschulklassen 20 bis 30 Prozent links schreibende Kinder zu finden sind, und man begegnet auch im Berufsleben immer mehr linkshändig schreibenden Menschen. Diese Linkshänder fallen oft durch ihre eigentümliche, verkrampft wirkende Handhaltung, meist „von oben", auf, und viele berichten, dass sie häufig gefragt werden, wie sie denn so überhaupt schreiben können und wieso sie dabei auch noch so eine schöne, gleichmäßige Schrift haben.

In dieser so genannten Hakenhaltung ist es zwar tatsächlich möglich zu schreiben, davon kann man sich oft genug überzeugen, aber häufig haben diese Linkshänder mehr Zeit gebraucht, bis sie ihre Schreibhaltung, ohne zu verwischen, gefunden haben, weil sie meistens dabei auf sich selbst angewiesen waren und aus Erfahrung, also aus Erfolg und Misserfolg, lernen mussten.

Dass es aber auch anders geht, wenn rechtzeitig fachlich geholfen wurde, und Linkshänder in einer unverkrampften Haltung schreiben lernen können, beweist die vorbildliche Haltung des ehemaligen Präsidenten der Vereinigten Staaten von Amerika, Bill Clinton, dessen Hände auf dem Einbandbild beim Unterzeichnen von Staatsdokumenten zu sehen sind und mit dessen freundlicher Genehmigung sein Bild in diesem Buch abgebildet werden darf.

Man kann als Linkshänder also auch Präsident von Amerika werden, und auch die beiden vorherigen Präsidenten der USA, vor Bill Clinton, George Bush und Ronald Reagan, waren linkshändig. Ronald Reagan war noch zum Schreiben auf die rechte Hand umgeschult worden, wohingegen George Bush links schreibt.

Aber wie hat Präsident Bill Clinton nur diese gute Handhaltung erlernt?

Er hat es nicht verraten, aber ich glaube, wir können hinter das Geheimnis kommen, wie uns die vielen linkshändigen Kinder, ihre Eltern, Lehrer, Erzieher und Ergotherapeuten plausibel beweisen.

Diese Veröffentlichung soll dazu beitragen, auch anderen Linkshändern zu einer unverkrampften Schreibhaltung zu verhelfen, und Eltern, Erzieher und Lehrer ermutigen, auch wenn sie selbst nicht linkshändig schreiben, linkshändigen Kindern eine unverkrampfte Schreibhaltung zu lehren, ohne Gefahr, das Geschriebene zu verwischen.

Auch erwachsenen, in ihrer Kindheit umgeschulten Linkshändern, die sich gerne wieder auf ihre eigentlich dominante Hand zurückschulen möchten, kann diese Veröffentlichung helfen, die ersten wichtigen Schritte für eine gute Schreibhaltung zu erlernen.

Die Vorbereitungen zu diesem Buch sind von vielen Menschen aufmerksam und interessiert begleitet worden. Vorschläge wurden gemacht, Änderungen und Variationen angeregt, Warnungen ausgesprochen, und viele Kinder haben geholfen, die Vorstellung, wie man in einer unverkrampften Haltung linkshändig schreiben lernt, durch die Weitergabe ihrer eigenen Erfahrungen zu konkretisieren. So kristallisierten sich wichtige Aspekte heraus und verhalfen dieser Veröffentlichung zu praxisnahen Vorschlägen und Anregungen.

Die einzig richtige Schreibhaltung und Blattlage ist sicher nur eine Idealvorstellung. Aber es gibt Haltungen von Stift und Blatt, die ein unverkrampftes Schreiben ermöglichen, ohne dass Tinte verwischt. Jeder Linkshänder, natürlich ebenso wie auch jeder Rechtshänder, variiert individuell etwas dabei, und es ist für jeden einzelnen wichtig, seine subjektive „Idealhaltung" zu finden. Hier soll diese Veröffentlichung mit Anregungen und Tipps helfen.

Jedoch nicht nur beim Schreiben sind einige Grundregeln von dem Linkshänder zu beachten, auch bei anderen Tätigkeiten, wie zum Beispiel beim Schneiden, Kartoffel Schälen oder Spitzen sind entsprechende Gebrauchsgegenstände und ihre Handhabung wichtig.

Ganz besonders möchte ich den Ergoptherapeuten Angelika Drabert-Kesel, Renate Fingos, Christine Serio, Renate Schütz, Ulrike Wenleder, Brigitte Thomson, Andrea Kisch, Sabine Pauli und der Heilpädagogin Helene Dominik danken, von denen ich viel lernen durfte, dann den vielen Lehrern und Schulpsychologen, insbesondere Christa Campe, Renate

Eggert-Vockerodt, Dr. Adam Kormann, Frau Hacker-Eichenseer, Dr. Maria Staudacher, Christa Wege und Hans-Joachim Röthlein, die mit ihren praktischen Erfahrungen mich auf dem Boden des Machbaren gehalten haben. Auch Solvejg Fiederling und Susanne von Rotberg haben zu dem Gelingen dieser Veröffentlichung tatkräftig beigetragen. Ich möchte ganz besonders Renate Reitmeier danken, die mit ihren linkshändigen Erstklässlern das Experiment des konsequenten Gebrauchs der Schreibunterlage durchgeführt hat.

Von wissenschaftlicher Seite habe ich besonders Professor Gertraud Heuß-Giehrl, Professor Angelika Benamara-Nordmann und Professor Angelika Speck-Hamdan zu danken. Auch das Staatsinstitut für Schulqualität und Bildungsforschung in München, Abteilung für Grund- und Hauptschule, unter Leitung von Dr. Peter Igl sowie seiner Mitarbeiterin Karin Olesch hat mir wichtige Hinweise gegeben.

Schließlich gehört Margot Utermann, stellvertretend für die Interessenvereinigung für Linkshänder, auch ein großer Dank für ihre stetige Unterstützung.

München im Oktober 2004   *Dr. Johanna Barbara Sattler*

11

Teil A: Schreiben mit links

KAPITEL 1:
Handhabung der Schreibunterlage
für Linkshänder

1.1 Vorbemerkung

Die hier vorgestellte Schreibunterlage soll linkshändigen Kindern helfen, rechtzeitig eine lockere, unverkrampfte Schreibhaltung und Blattlage einzuüben, um so schon zu Beginn der Lernprozesse eine Orientierungs- bzw. Korrekturhilfe zu erhalten, bis sich die Abläufe der Augen-Hand-Koordination automatisiert haben. Leider wird heute weder vom Kindergarten noch von der Vorschule oder der Schule die Aufgabe, linkshändige Kinder die richtige Schreibhaltung zu lehren, ausreichend übernommen und erfüllt. Dies soll nicht als Vorwurf verstanden, sondern als ein Defizit festgestellt werden, das aufgeholt werden muss und das sich wohl aus der Tatsache erklären lässt, dass noch bis vor kurzem linkshändige Kinder bedenkenlos auf die rechte Hand umgestellt wurden und daher Überlegungen zur richtigen Schreibhaltung nicht notwendig waren.

Diese Schreibunterlage (als Block- und als Mal- bzw. Schreibtisch-Auflage erhältlich) entstand aus der Erfahrung, dass linkshändige Kinder bis heute selten angemessene Vorbilder finden, um von Anfang an eine gute Heft- und Handlage zu erlernen. Oft orientieren sie sich mit ihrer Heftlage an der Art, wie sie diese bei rechtshändigen Kindern beobachten, oder sie ahmen Linkshänder nach, die in der so genannten, eigenartig verkrampft wirkenden, Hakenhaltung „von oben" schreiben.

In der Beratungs- und Informationsstelle für Linkshänder und umgeschulte Linkshänder und auch über Jahre hinweg in verschiedenen Fortbildungsveranstaltungen für Fachleute musste immer wieder festgestellt werden, dass trotz des Versuchs, die Haltung genau zu erklären, noch manche Einzelheiten übersehen oder nicht richtig verstanden wurden und man sie dann falsch einübte bzw. sie sogar falsch weitervermittelte.

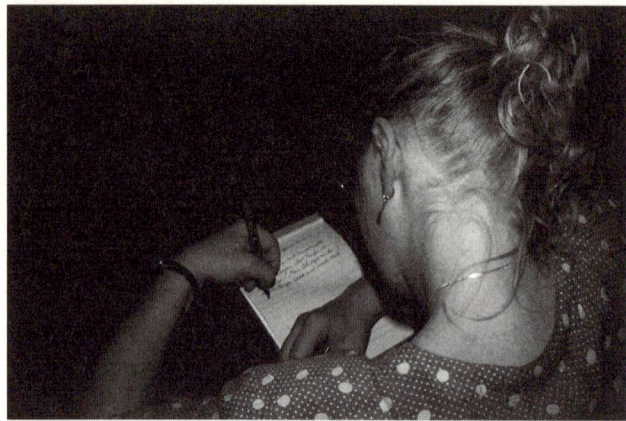

Die Schreibhand wird in der so genannten Haken-haltung „von oben" geführt, um die Tinte nicht zu verwischen, das Blatt ist leicht nach links geneigt, und rechte Hand und ein Teil des Armes liegen mit-ten auf dem Blatt.

Eine andere Schwierigkeit ist die, dass insbesondere jene, selbst in der Hakenhaltung schreibende linkshändige Lehrer, nicht gerade ein ideales Vorbild für ihre linkshändigen Schüler darstellen. Ihnen soll mit der vorliegenden Schreibunterlage und den Ausführungen ebenso eine Hilfestellung angeboten werden wie ihren vielen, mit Linkshändigkeit wenig erfahrenen Kolleginnen und Kollegen.

Die Schreibunterlage kann allerdings auch erwachsenen umgeschulten Linkshändern, die sich auf die linke Hand zurückschulen möchten, ermöglichen, sich leichter auf die geänderten visomotorischen Abläufe einzustellen und überhaupt erst einmal eine gute Handhaltung kennen zu lernen (siehe Kapitel 1.4).

1.2 Dilemma des linkshändigen Kindes beim Erstschreiben

Linkshändige Kinder gewöhnen sich oft eine Handhaltung an, die es ihnen am einfachsten ermöglicht, das gerade geschriebene Wort gut zu lesen, wobei sie aber im nächsten Moment mit der Hand über das Geschriebene wischen. Dies liegt auf der einen Seite an unserer rechtsläufigen Schrift[1] und auf der anderen Seite daran, dass die Schulkinder meist im ersten, manchmal aber auch noch in einem Teil des zweiten Schuljahres mit Blei- und Buntstiften schreiben – die bekanntlich nicht verwischen – und erst

---

1 Die rechtsläufige Schrift ist allerdings kein Hinderungsgrund, eine unverkrampfte Schreibhaltung „von unten" mit der linken Hand zu erwerben, ebenso wie Rechtshänder fähig sind, die linksläufige hebräische und arabische Schrift – ohne Hakenhaltung „von oben" – zu erlernen.

dann beginnen, einen Füller zu benutzen. Sie werden also mit der verwischbaren Tinte erst konfrontiert, wenn die Schreibabläufe bereits fest eingeübt sind und die damit verbundenen Wahrnehmungsmuster sich automatisiert haben.

Folglich wird in der ersten Zeit, in der Kinder zu schreiben beginnen, meist gar nicht oder viel zu wenig darauf geachtet, dass das linkshändige Kind sich eine Schreibhaltung angewöhnt, in der es später die Tinte nicht verwischt.

Damit linkshändige Kinder eine Schreibhaltung erwerben, die es ihnen ermöglicht, später ohne zu verwischen zu schreiben, ist es wichtig, sie rechtzeitig auf diese Schreibhaltung vorzubereiten. Voraussetzung dafür ist, dass das Kind fähig ist, den Stift mit seiner Hand willentlich zu führen und dass die gestellte Aufgabe der Entwicklung des Kindes (und der seiner Handfertigkeit) entspricht. Dieser Zeitpunkt ist meist im Alter von vier bis sechs Jahren erreicht, und zu dieser Zeit können viele Kinder bereits ihren Namen schreiben. Spätestens in diesem Alter beginnen sich die linkshändigen Kinder die falsche Handhaltung anzugewöhnen, die dann später kaum noch zu ändern ist, weil nur selten ihre Eltern richtig über die geschilderte Problematik Bescheid wissen. Daher ist spätestens in diesem Alter *vorsichtig* und *spielerisch* mit der Vorbereitung einer lockeren Schreibhaltung zu beginnen. Sinnvoll erscheint es jedoch, die Kinder noch früher und zwar ab dem Zeitpunkt, an dem sie beginnen zu malen, an die Blattneigung nach rechts zu gewöhnen. Das kann durch die Maltisch-Auflage mit der markierten Blattlage geschehen oder durch schräges Aufkleben des Papiers auf dem Tisch.

1.3 Erläuterung der Mal- bzw. Schreibunterlage

1.3.1 Allgemeines

Die Originalgröße der dieser Veröffentlichung beigelegten, herausnehmbaren Schreibunterlage ist DIN A2. Die folgende Abbildung ist eine Verkleinerung der Originalvorlage (Abb. S. 16/17), deren Proportionen auf das DIN-A2-Format abgestimmt sind und sich nicht auf ein DIN-A4-Blatt übertragen lassen.

Eine für den Arbeitstisch des linkshändigen Kindes zu Hause, im Kindergarten oder in der Schule geeignete Auflage in strapazierfähigem Kunststoff und verschiedenen Farben hilft den Kindern von Anfang an, sich an diese Neigung zu gewöhnen. Die Mal- bzw. Schreibtisch-Auflage passt von ihrer Größe her auf jeden Schultisch (Breite 53 cm, Höhe 42 cm).

Dr. Johanna Barbara Sattler,
Schreibunterlage für Linkshänder,
© by Auer Verlag GmbH, Donauwörth. 1996

17

Die Schreibunterlage zeigt durch die zwei Winkel die Stelle an, an der ein DIN-A5-Blatt angelegt werden sollte. Der innere Winkel ist dafür vorgesehen, dass das Kind, je weiter es nach rechts auf der Linie schreibt, das Blatt etwas nach links verschieben kann und so eine weitere Orientierung hat. Das Verschieben des Blattes ist wichtig, um dem linken Arm genügend Bewegungsfreiheit zu gewähren, sodass er nicht an den Körper gedrückt wird oder sich das Kind nach rechts beugt. Die markierte rechte Hand ist wichtig, um zu vermeiden, dass die rechte Hand mitten auf dem Blatt liegt und dadurch eine lockere Schreibhaltung der linken Hand von unten verhindert. Die Festlegung der Lage der rechten Hand bedeutet nur eine Markierung, es ist nicht notwendig, die Hand platt auf das Papier zu legen! Besonders Kinder mit feinmotorischen Störungen neigen dann zu Verkrampfungen, und für sie ist eher eine lockere, etwas gewölbte Haltung der rechten Hand angeraten. Wichtig ist aber, dass sich die rechte Hand beim Erlernen der richtigen Schreibhaltung etwa an der markierten Stelle befindet.

Die linke Hand soll unter der Linie geführt werden, auf der sie gerade schreibt, und das Stiftende soll in Richtung über den linken Unterarm zeigen.

1.3.2 Schlüsselstellen beim Erlernen des Schreibens mit links

Damit linkshändige Kinder es leichter haben, eine lockere Handhaltung zu erlernen, bei der die Tinte nicht verwischt und sich eine verkrampfte Haltung „von oben" erübrigt, sind vier Punkte von besonderer Bedeutung und zu beachten:

a) die Körperhaltung beim Schreiben
b) die Blattlage
c) die Stift- und Handhaltung
d) die Lage der rechten Hand.

In der Abbildung (Abb. S. 18) der Schreibunterlage sind diese Schlüsselstellen und Problembereiche, die übrigens für *alle* Schreibanfänger (also auch für Rechtshänder) bedeutsam sind, nummeriert und werden im Folgenden noch einmal einzeln für das linkshändige Kind erklärt:

Zu a): *Körperhaltung*

Das Kind soll vor der Schreibunterlage gerade sitzen, mittig vor dem kleinen Dreieck ①, d. h. die Nase soll sich etwa über diesem Dreieck befinden. Die linke Schulter soll nicht hochgezogen werden, wird aber oft etwas höher als die rechte gehalten ②.

Eine lockere Körperhaltung ist wichtig, um Verspannungen zu vermeiden, die später zu Kopfschmerzen, Haltungsschäden und anderen Beeinträchtigungen führen können.

Schreibhaltung, bei der die Hand unter der gerade beschriebenen Zeile liegt und das Ende des Füllers in Richtung des linken Unterarms zeigt. Die rechte Hand hält an der rechten Seite, etwa auf Zeilenhöhe, auf der geschrieben wird, das Papier ohne den Schreibvorgang zu behindern, das Blatt ist etwas nach rechts geneigt.

19

Zu b): *Blattlage*

Das Blatt soll leicht nach rechts gekippt sein (etwa in einem Winkel von 30 Grad) und, über die Körpermitte nach links verschoben, bequem unter der Schreibhand liegen ③.

Wenn das Kind mit dem Schreiben in der Mitte der Zeile angekommen ist, kann das Blatt von der rechten Hand noch etwas weiter nach links geschoben werden, sodass der linke Arm ausreichend Spielraum hat und nicht an die linke Körperseite drückt oder das Kind den Oberkörper nach rechts biegen muss, um Platz für den Arm zu schaffen.

Wichtig: Der Oberkörper soll beim Schreiben möglichst ruhig und gerade gehalten werden und weder zu weit nach rechts oder links noch zu weit nach vorne über das Blatt gebeugt sein.

Von Ergotherapeuten wird empfohlen, dass sich das Kind etwas über den Tisch beugt, „sodass die Augen in 20–40 cm Höhe über dem Papier sind. Wenn Kinder mit dem Stuhl nach vorne wippen, bringen sie sich in eine optimale Sitzposition, d. h., die Augen nähern sich dem Papier und der Rücken kann gerade bleiben"[1]. Dazu gibt es auch Keilsitzkissen (erhältlich in Sanitätsgeschäften), die es dem Kind erleichtern, diese Körperhaltung einzunehmen.

Das Schreibgerät wird auf dem Zeigefinger abgestützt und weg vom Körper gerichtet, sodass in der ungünstigen Hakenhaltung „von oben" geschrieben wird. Die rechte Hand liegt direkt unter der gerade beschriebenen Zeile.

Sehr umfangreiche Hinweise zur richtigen Körperhaltung, insbesondere über Sitzhaltungen, die den Rücken entlasten, über Möglichkeiten, dem

---

1 Pauli, Sabine, Andrea Kisch, „Geschickte Hände. Die Handgeschicklichkeit bei Kindern von bis 5–7 Jahren". In: Ergotherapie & Rehabilitation, Heft 6, November 1995, S. 594–600. S. 598.

Kind regelmäßig beim Schreiben und Lesen Bewegung zu verschaffen und so Haltungsschäden vorzubeugen und über geeignete Schulmöbel, die den Bedürfnissen der Schüler angepasst sind, erhält man bei der „Bundesarbeitsgemeinschaft zur Förderung haltungs- und bewegungsauffälliger Kinder und Jugendlicher e.V.", Wiesbaden[1].

Dort kann man auch eine Bauanleitung für eine Buchstütze und ein Aufsatzpult auf den Tisch von Dieter Breithecker und Gabi Dannhauser beziehen, die eine lockere Haltung beim langen Sitzen und Schreiben erleichtern[2].

Zu c): *Stift- und Handhaltung*

Die Stäbchen sollen zwischen Zeigefinger, Daumen und Mittelfinger gehalten und so spielerisch eine gute Stifthaltung vorbereitet werden.

Der Stift soll – spiegelbildlich zum Rechtshänder – zwischen Daumen, Zeige- und Mittelfinger der linken Hand gehalten werden und das Stiftende in Richtung über den linken Unterarm zeigen. Bei Kindern können hier Schreibhilfen wie Dreiecksgriffe oder so genannte „Grippys" (siehe Kap. 2.2) eine große Hilfe sein, um möglichst rechtzeitig die richtige Haltung des Stiftes motorisch zu fixieren. Falsch ist es, wenn das Stiftende nicht über den linken Arm (etwa zur linken Schulter) des Kindes zeigt, sondern – nach links gerichtet – auf dem Gelenk des Zeigefingers zu liegen kommt. Die Hand soll seitlich auf dem kleinen Finger und der Handkante aufliegen.

Vorübungen für eine gute Stifthaltung

Wurfspiele mit Spiekern, kleinen Pfeilen, die das Kind gegen eine Scheibe wirft, in der sie steckenbleiben sollen, können die Stifthaltung positiv vorbereiten. Denn diese Pfeile müssen, um den Erfolg des Zielens zu erhöhen, analog dem Stift beim Schreiben, zwischen Daumen, Zeige- und Mittelfinger gehalten und dann gegen die Scheibe geworfen werden. Auch ein von

---

1 Adresse im Anhang.
2 Breithecker, Dieter, Gabi Dannhauser, „„Jetzt helfen wir uns selbst‘. Bauanleitung für eine Buchstütze und ein Aufsatzpult". In: Haltung und Bewegung, 3, 1990, S. 35–37.

Ergotherapeuten empfohlenes Spiel, das Herausfischen von Erdnussflips oder ähnlichen Leckerbissen mittels chinesischer Stäbchen aus einer Schüssel, fördert spielerisch und mit Spaß die richtige Stifthaltung. „Beschreibung: Beim Erreichen einer bestimmten Punktzahl beim Würfeln dürfen die Erdnussflips mit Hilfe der Essstäbchen aus der Schüssel gefischt werden. Die anderen Spieler würfeln weiter, bis ein anderer Spieler die ausgemachte Punktzahl hat"[1].

Zu d): *Lage der rechten Hand*

Äußerst wichtig ist auch die richtige Lage der *rechten Hand*. Sie soll das Blatt etwa auf Zeilenhöhe, auf der gerade geschrieben wird, halten und es bei Bedarf vorsichtig nach links schieben, je weiter die linke Hand die Zeile nach rechts geschrieben hat. Danach kann die rechte Hand das Blatt wieder mehr zur Mitte zurückziehen. Es ist absolut notwendig, anfangs die rechte Hand an dieser Stelle zu „fixieren". Gemeint ist, dass sie gewohnheitsmäßig dort liegen soll, um zu verhindern, dass sie die linke Hand stört und diese vielleicht sogar „um sie herum" schreiben muss und dabei über den gerade geschriebenen Text wischt.

Die rechte Hand liegt am rechten Blattrand, etwa auf der Zeilenhöhe, auf der gerade geschrieben wird.

Wenn die linke Schreibhand an das Zeilenende kommt, muss die rechte Hand ausweichen – hier nach oben.

1 Pauli, Sabine, Andrea Kisch, Geschickte Hände. Feinmotorische Übungen für Kinder in spielerischer Form. verlag modernes lernen, Dortmund, 1993, S. 89.

Bei dieser Haltung der rechten Hand bleibt der linken Hand nichts anderes übrig, als nach oben auszuweichen.

Auch hier wurde falsch die Lage der rechten Hand (mitten unten auf dem Blatt) eingeübt und die linke Hand verwischt beim Schreiben mit dem Füller die Tinte.

Lockere, unverkrampfte Haltung der rechten Hand.

Wichtiger Hinweis:
Der Abdruck der rechten Hand auf der Schreibunterlage bedeutet eine *Markierung*, nicht eine strikt festgelegte Haltung der rechten

Lockere, unverkrampfte Haltung der rechten Hand am oberen Blattrand.

*Lockere, unver-
krampfte Haltung
der rechten Hand
in der unteren
rechten Blattecke.*

*Haltung der
rechten Hand
oben auf dem
Blatt beim Durch-
führen der Nach-
spurübungen –
die linke Schreib-
hand wird nicht
gestört.*

Hand[1]. Es ist also nicht gemeint, dass die rechte Hand platt über dem Vordruck auf der Schreibunterlage liegen muss. Das führt manchmal sogar zu Verspannungen in der rechten Hand und im rechten Arm. Die Hand kann ruhig locker aufliegen, mit leicht gekrümmten Fingern. Das zu beachten ist besonders wichtig bei Kindern, die generell zu Verspannungen und feinmotorischen Schwierigkeiten neigen.

Wenn die oben beschriebene Haltung einmal eingewöhnt ist, kann die rechte Hand selbstverständlich auch an einer anderen Stelle, an der sie den Schreibvorgang nicht behindert, gehalten werden.

---

1 Die Form der rechten Hand auf der Schreibunterlage entstand durch den Abdruck der mit Fingerfarben bemalten rechten Handinnenfläche eines Kindes an der entsprechenden Stelle auf dem Papier.

1.3.3 Hinweise für den Unterricht

Es ist anzuraten, die Schreibunterlage nicht nur zu Hause zu verwenden, sondern auch Vorkehrungen in der Schule zu treffen, sodass ein linkshändiges Kind auch dort Hilfestellungen bekommt, um die Blattlage richtig einzuüben.

Es kann kaum vom Lehrer erwartet werden, dass er andauernd nur auf die Schreibhaltung der linkshändigen Kinder achtet, und gerade deshalb sollten auch im Unterricht Maßnahmen ergriffen werden, die es dem Kind erleichtern können, eine gute Haltung zu erlernen. Dazu kann gerade die Schreibtisch-Auflage fördernd beitragen, indem das Kind sie, wie zu Hause, als Unterlage im Unterricht benutzt.

Die Grundschullehrerin Frau Reitmeier berichtet, dass sich ihre Linkshänder automatisch die Schreibunterlage aus dem Ablagefach holen und sie selbst die linkshändigen Erstklässler nur noch verbal daran erinnern muss, ihr Heft richtig auf die Unterlage zu legen. Es bedeute für sie als Lehrerin eine Vereinfachung im Unterricht. Wenn aber die linkshändigen Kinder ohne Schreibunterlage arbeiten, geschieht es selbst noch am Ende der ersten Klasse oft, dass sie das Blatt wieder falsch hinlegen. Es wird deutlich, wie lange es offensichtlich dauert, bis sich das linkshändige Kind die gewünschte Schreibhaltung fest angewöhnt hat[1].

Vorteil der Schreibtisch-Auflage ist es, dass sie vom Tisch abgenommen und auf einem anderen Tisch, zum Beispiel in einem anderen Klassenzimmer, wieder aufgelegt, beziehungsweise an einen geeigneten Platz weggeräumt werden können, sodass sie nicht verloren gehen.

Andere Lehrer bevorzugen es, durch farbige Klebstreifen die gewünschte Blattlage von ca. 30 Grad auf der Bank zu markieren. Dies hat den Vorteil, dass die Blattlage immer fixiert bleibt und nicht vergessen werden kann.

Da viele Kinder in der ersten Klasse ihren Arbeitsplatz noch nicht ange-

---

1 Anregungen für Lehrerinnen und Lehrer: Es kann in manchen Klassen, in denen ausgesprochen wenige Linkshänder manifest sind, sinnvoll sein, auch rechtshändigen Kindern eine Schreibunterlage zu geben. So wird verhindert, dass sich die Linkshänder stigmatisiert und mit einem negativ empfundenen Prozedere behaftet fühlen. In diesem Fall kopiert man die Schreibunterlage (in DIN-A4-Format) auf eine Folie, dreht sie um und kopiert und vergrößert sie wieder auf DIN A2. Allerdings sollten sich die Unterlagen für Links- und Rechtshänder grundsätzlich durch ein zusätzliches Merkmal, zum Beispiel unterschiedliche Blattfarben, unterscheiden, damit es nicht zu Verwechslungen zwischen links- und rechtshändigen Kindern kommt. Das könnte besonders durch die für linkshändige Kinder typische Raum-Lage-Labilität (Verwechseln von links und rechts) geschehen.

messen strukturieren können und oft vieles unnötig herumliegt, ist eine Fixierung der richtigen Blattlage auf dem Tisch auch vorteilhaft. Nachteilig dabei ist, dass, wenn die Kinder ihre Plätze tauschen, das linkshändige Kind dann seinen markierten Tisch mitnehmen oder der neue Tisch neu markiert werden müsste.

Wichtig ist, dass das linkshändige Kind auf alle Fälle *in der Bank auf der linken Seite* sitzt, damit es nicht zu Störungen zwischen dem rechten bzw. linken Schreibarm der Kinder kommt.

Hinweise zur Auflage von verschieden großen Blättern und Heften auf die Schreibunterlage finden sich in Kapitel 4.

1.4 Gebrauch der Schreibunterlage bei der Rückschulung von erwachsenen umgeschulten Linkshändern

Heute gibt es immer mehr Menschen, die – umgeschult als Kinder – im Erwachsenenalter erwägen, wieder mit der linken Hand zu schreiben. Diese Entscheidung sollte gut durchdacht werden, denn nur manche Menschen sind damit erfolgreich[1].

Für viele kann die Schreibunterlage für Linkshänder (als Abreißblock oder Schreibtisch-Auflage aus rutschfestem Kunststoff) von Beginn der Rückschulung an eine Hilfe sein und sie können sich so langsam mit der meist *ungewohnten neuen Blattlage* für die linke Hand vertraut machen.

Nur einige umgeschulte Linkshänder schaffen es gleich von Anfang an und vor allem in ausreichender Schnelligkeit mit der linken Hand zu schreiben. Um sich an die neue Blattlage zu gewöhnen, sollten zunächst Nachspur- und Schwungübungen gemacht werden (siehe Kapitel 4). Dann kann langsam zum Üben einzelner Buchstabenverbindungen und Wörter übergegangen werden.

Die hier vorgestellte Schreibunterlage bzw. Schreibtisch-Auflage kann also auch dem sich rückschulenden umgeschulten Linkshänder als Muster dienen, aber das Blatt sollte weiter nach links verschoben liegen, weil der Erwachsene links mehr Platz und Armfreiheit braucht als ein Kind.

---

1 Sattler, Johanna Barbara, Der umgeschulte Linkshänder oder Der Knoten im Gehirn. Auer Verlag, Donauwörth, 2005⁹, S. 143 ff.

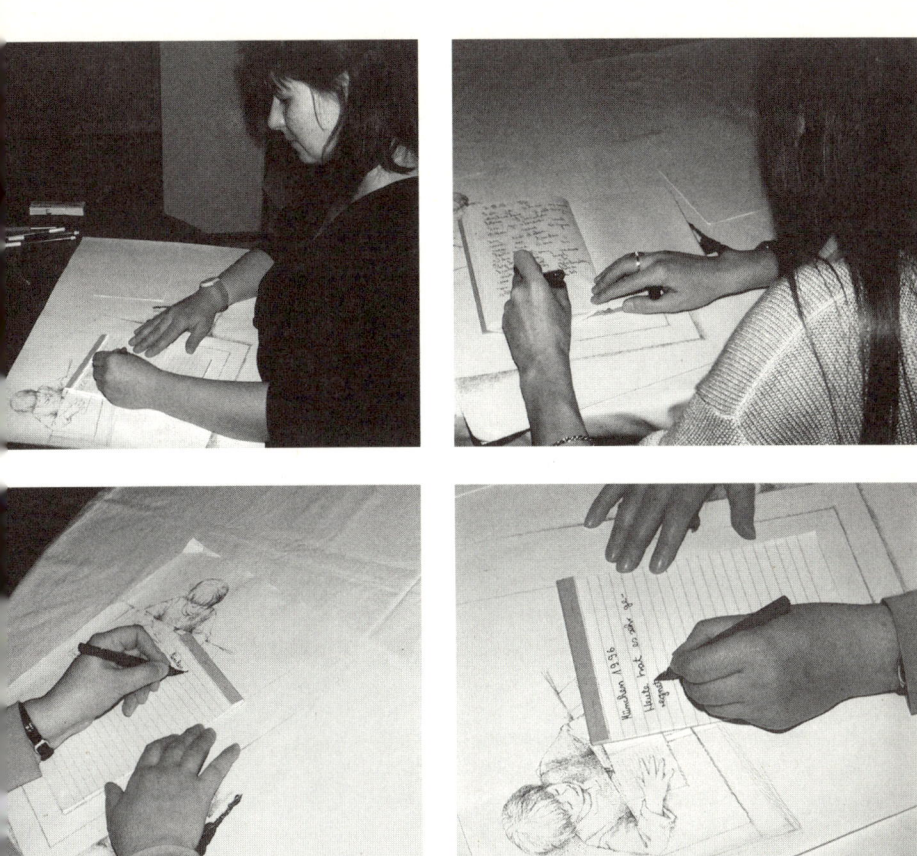

Gebrauch der Schreibunterlage durch erwachsene Linkshänder beim Zurückschulen auf die linke Hand zum Schreiben. Das Blatt liegt noch weiter nach links (von der Körpermitte aus gesehen) verschoben, damit der linke Arm genügend Freiraum hat und nicht an den Körper gedrückt werden muss.

KAPITEL 2:
Schreibhilfen und Grippys –
Hilfen zur richtigen Stifthaltung

2.1 Vorbemerkung

Da aber die richtige Heft- und Blattlage noch nicht automatisch eine gute Stifthaltung zur Folge hat, soll vor den Hinweisen zu den Übungsblättern zum Nachspuren (Kapitel 4) auf Hilfsmittel eingegangen werden, die eine gute Stifthaltung fördern können.

Selbstverständlich ist es nicht nur für linkshändige Kinder wichtig, eine gute Haltung des Stiftes zu erlernen. Bei ihnen ist das aber gerade wegen der Gefahr, durch eine falsche Stifthaltung später die Tinte zu verwischen und dadurch in die verkrampfte Hakenhaltung gedrängt zu werden, von besonderer Bedeutung. Daher sollen hier einige Hilfsmittel genannt werden, die es den Kindern ermöglichen, leichter eine gute Schreibhaltung zu erlangen.

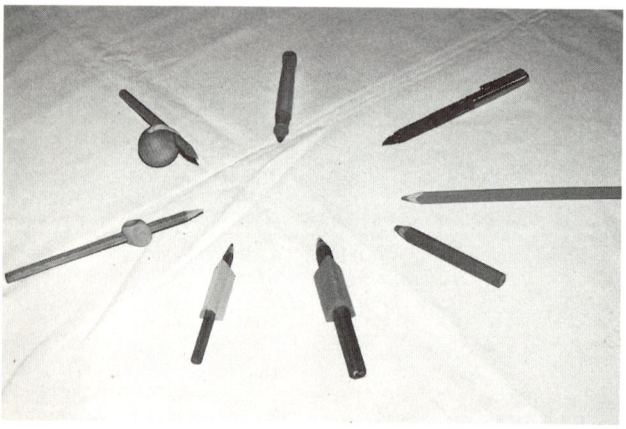

Verschiedene Schreibhilfen zum Einüben einer guten Stifthaltung (im Uhrzeigersinn vom Füller aus): Anfängerfüller mit Griffmulde – dreieckiger Buntstift der Firma Bruynzeel – dicker dreieckiger Stift der Firma Lyra (Ferby) – zwei verschieden dicke Stifte mit aufgesteckten Dreieckgriffen – Grippy (eine Art Bällchen aus Gummi mit Mulden für Daumen, Zeige- und Mittelfinger), aufgesteckt auf einem Buntstift – auf einen Buntstift aufgesteckte Holzkugel zur Rundung der Schreibhand – LAMY abc-Schreiblernstift.

2.2 Dreiecke und dreieckige Stifte

Es gibt für Stifte aufsteckbare Dreieckgriffe, an deren drei Seiten jeweils Daumen, Zeigefinger und Mittelfinger gelegt werden. Diese gibt es in zwei Größen, für normale und dicke Buntstifte (Bezugsquellen am Ende). Auch dreieckige Stifte erfüllen diesen Zweck.

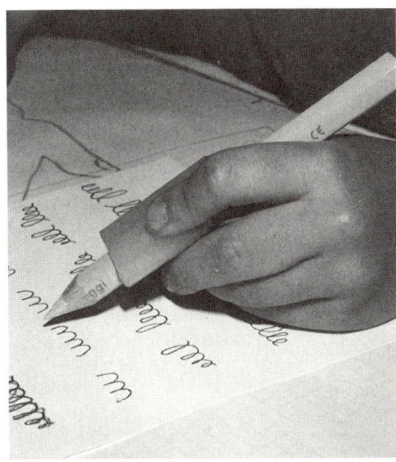

Üben des Nachspurens mit einem auf einen Buntstift aufgesteckten Dreieckgriff, der die Haltung des Stiftes zwischen Daumen, Zeige- und Mittelfinger erleichtert.

Schreiben mit einem auf den Stift aufgesteckten Grippy. Bei Benutzung mit der linken Hand zeigt der Pfeil auf dem Grippy zum Stiftende. Der Zeigefinger muss in der kleinen runden Mulde liegen.

Üben des Nachspurens mit dem dicken dreieckigen Stift der Firma Lyra (Ferby), der besonders weich ist und daher eine schräge Stifthaltung ermöglicht.

Wichtig ist auch, dass die Stifte möglichst *weich* sind, denn dann ist es für das Kind leichter, seinen Stift schräg zu halten. Härtere Minen veranlassen das Kind oft dazu, den Stift sehr steil zu halten, oft gestützt an den Zeigefinger (parallel zu ihm). Das Stiftende zeigt dann nicht über den linken Arm, und es besteht wieder die Gefahr, dass deshalb die linke Hand über den gerade geschriebenen Text wischt.

2.3 Grippys

Seit einiger Zeit sind auch so genannte Grippys erhältlich, die man auf den Bunt- oder Bleistift aufsteckt. Ein Grippy ist eine Art Bällchen aus Gummi mit entsprechend geformten Mulden für Daumen, Zeige- und Mittelfinger. Diese Grippys sind eigentlich den Fingern der rechten Hand entsprechend geformt, wenn man sie aber umgekehrt auf den Stift steckt (Pfeil in Richtung Stiftende), können sie auch von Linkshändern benutzt werden. Sie entsprechen aber nicht ganz genau den linken Fingerkuppenformen, bzw. eine eigentlich begrenzende Erhöhung unter dem Mittelfinger liegt dann umgekehrt und kann etwas stören. In der Praxis ist dies aber so unbedeutend, dass es eher Erwachsene als Kinder bemerken.

2.4 Der LAMY abc-Schreiblernstift

Der Schreiblernstift von LAMY hat eine Holzröhre und vorne ein Griffstück, in dem eine Bleimine steckt. Das Griffstück ist dem der Anfängerfüller von Lamy nachgeformt. Die Bleistiftmine ist weich, und der relativ

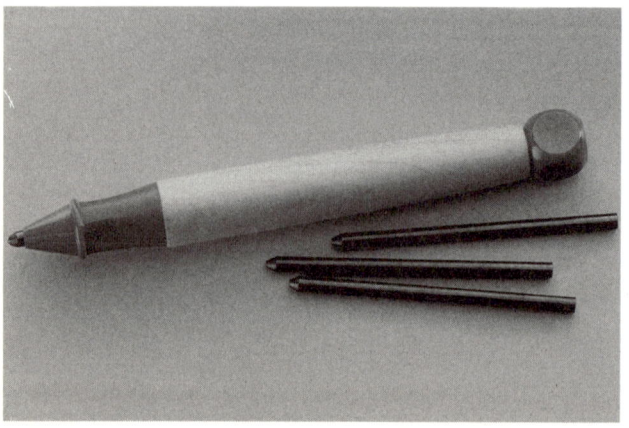

Der abc-Schreiblernstift der Firma LAMY.

30

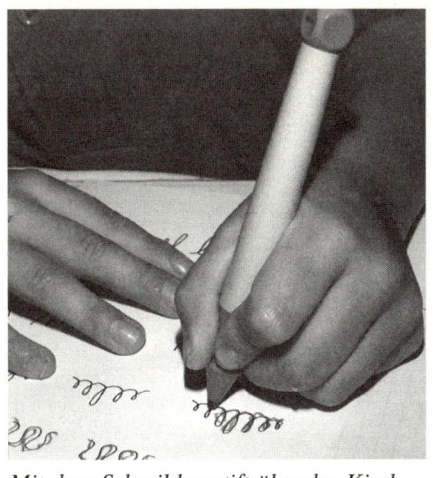

dicke Holzkolben hilft manchem Kind den Stift leichter zu greifen und soll die natürliche, unverkrampfte Haltung der Finger unterstützen. Die Mulden vorne an dem Griffstück sind für Daumen, Zeige- und Mittelfinger vorgeformt. Allerdings sind alle Mulden gleich, wie bei der Formung des Anfängerfüllers von LAMY. Daher besteht auch kein Unterschied bei links- oder rechtshändigem Gebrauch.

Mit dem Schreiblernstift übendes Kind.

Dieser Stift kann Kindern helfen, sich bereits früher mit der Form des späteren Füllers vertraut zu machen und Schwierigkeiten mit der richtigen Haltung der Feder auszuschalten.

Die Bleistiftmine kann auch angespitzt werden. Die inzwischen erhältlichen farbigen Minen sind härter als die Bleistiftmine und verleiten zu einer eher steilen Stifthaltung.

2.5 Eine Holzkugel zur Rundung der Schreibhand

Manche Kinder greifen den Stift zwischen alle fünf Finger und erzielen dadurch keine Wölbung der Handinnenfläche, die es ihnen ermöglichen würde durch die Bewegung der Finger unverkrampft Linien und Buch-

Auf einen Buntstift aufgesteckte Holzkugel zur Rundung der Schreibhand.

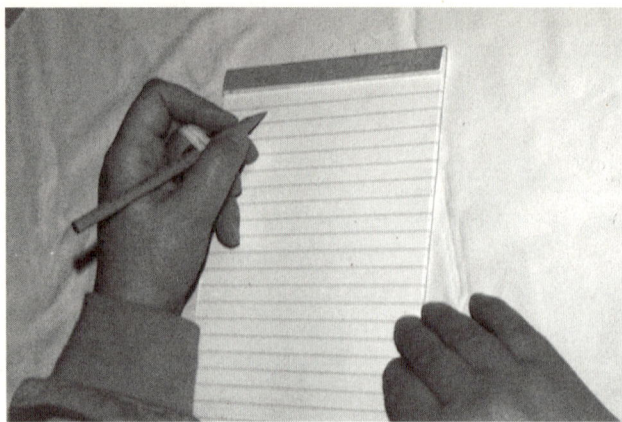

Schreiben mit der auf einen Buntstift aufgesteckten Holzkugel zur Rundung der Schreibhand.

staben zu formen. Um das zu verhindern, kann eine kleine, an den Stift angelegte Holzkugel helfen die Wölbung der Hand hervorzurufen und eine Verkrampfung zu verhindern. Diese Kugel wird mittels eines Gummibandes an dem Stift befestigt.

Solche Holzkugeln gibt es im Bastelbedarfshandel. Der Durchmesser sollte etwa drei Zentimeter sein. Auf der Wölbung wird, im rechten Winkel zu der Durchbohrung der Kugel, mit einer kleinen Rundfeile eine längliche Mulde eingeraspelt, an die der Stift angelegt werden soll. Damit der Stift nicht rutscht, kann man diese Mulde z. B. mit einem kleinen Stück Wildleder auskleben. Ein durch das Loch gezogenes und zusammengenähtes Gummiband (Hosenbund, ca. 5 mm breit) sorgt dafür, dass die Kugel nicht abrutscht[1].

2.6 „Zaubermurmel"

Beim Nachspuren kann es für Anfänger sehr hilfreich sein, eine kleine Murmel, die so genannte „Zaubermurmel", nach einer Idee der Ergotherapeutin Almuth Vasterling, mit dem linken Ringfinger und kleinen Finger zu umschließen. So wird verhindert, dass der kleine Finger und der Ringfinger „hinten herausrutschen"; sie bekommen sozusagen eine Aufgabe und die Schreibhand insgesamt mehr Halt (Tonusaufbau).

---

1 Für den Schulgebrauch ist diese Kugel nicht unbedingt geeignet, da sich manche Kinder stigmatisiert und bestraft fühlen, wenn sie diese vor den Mitschülern benutzen sollen. Sie ist mehr für zu Hause zu empfehlen und im ergotherapeutischen Bereich.

KAPITEL 3: Linkshänderfüller und Tintenroller

3.1 Allgemeines

Die meisten, der in Deutschland angebotenen Anfängerfüller, berücksichtigen die Bedürfnisse beim linkshändigen Schreiben. Das sind die Firmen Lamy, Online, Pelikan, Schneider und Tornado (Herlitz).

Früher waren die Federn sehr scharf geschnitten und beim Schreiben mit der linken Hand bestand die Gefahr, dass die Feder sich in das Papier bohrte, weil, im Gegensatz zu dem ziehenden Schreiben der rechten Hand, der Linkshänder mehr schiebt.

Inzwischen wurden Federn entwickelt, die runder und kugeliger geschliffen sind. So besteht bei einigen Anfängerfüllern kein Unterschied mehr zwischen den Federn für Rechts- und Linkshänderfüller.

Im Griffbereich des Vorderteils hingegen gibt es bei einigen Anfängerfüllern Unterschiede zwischen links- und rechtshändigem Gebrauch. In diesen Fällen liegt die Griffmulde bei Linkshänderfüllern linksseitig für den Zeigefinger, spiegelbildlich zum Rechtshänderfüller.

Im Folgenden werden die Linkshänderfüller der genannten Firmen in alphabetischer Reihenfolge beschrieben. Es kann und soll keine Wertung vorgenommen werden, denn jedes Kind hat eigene Vorlieben, die nicht nur von der Formung des Griffbereichs, der Federstärke und der Dicke des Kolbens abhängen, sondern auch von Modeerscheinungen und individuellem Gefallen der verschiedenen Muster und Farben.

3.2 Der Anfängerfüller von „Lamy"

*Anfängerfüller
der Firma Lamy.*

Die Firma Lamy hat freundlicherweise folgende Auskunft erteilt: „Der LAMY abc-Schreiblernfüller ist ausgerüstet mit einer so genannten MK-Feder, was bedeutet, dass das Federkorn rund bzw. kugelig geschliffen ist, sodass sowohl Rechts- als auch Linkshänder gut damit schreiben können, denn hierbei spielt es keine Rolle, ob das Schreibgerät über das Papier gezogen oder geschoben wird." (Brief vom 5. 3. 1996)
Im Griffbereich besteht kein Unterschied zwischen Links- und Rechtshänderfüller, sondern sie sind wie der oben bereits beschriebene LAMY abc-Schreiblernstift (Kapitel 2.3) gestaltet.

3.3 „ONLINE" Schreiblern-Füller (Starter)

Griffstück und Schaft des sehr leichten ONLINE Schreiblern-Füllers sind aus farblich und stufig abgesetztem Kunststoff. Das ergonomisch geformte Griffstück ist für Zeigefinger und Daumen abgeschrägt, um ihnen sicheren Halt zu geben. Der Teil des Griffstücks, das auf dem Mittelfinger liegen soll, ist gerundet. Die abgeflachten Schrägen des Griffteils haben kleine Mulden (wie von Stecknadelköpfchen eingedrückt), um das Abgleiten der Finger zu verhindern. Das Griffstück ist matt und nicht glatt und daher eher rutschfest. Auch eine Erhebung am untern Teil des Griffstücks verhindert, dass sich die Finger auf die Feder schieben. Das hintere Ende des Füllerschafts ist mit einer kleinen dreieckigen Fläche, einem so genannten Wegroll-Stopp, versehen, die das Wegrollen verhindern soll. Größere Hände kann diese Erhebung unangenehm drücken.
Die Iridium-Feder mit rundgeschliffenem Federkorn ermöglicht einen satten Strich. Der Füller wird mit Standard-Tintenpatronen gefüllt.
Griffstück und Feder des Füllers sind für Links- und Rechtshänder gleichermaßen gut geeignet. Der Füller ist für solche linkshändige Kinder besonders gut geeignet, die die Hand beim Schreiben unter der Zeile halten. Linkshändige Kinder, die in der Hakenhaltung von oben schreiben, finden auch eindeutigen Halt an den Schrägen des Griffstücks und der Füller wird ihren individuellen Handhaltungen meist gerecht.

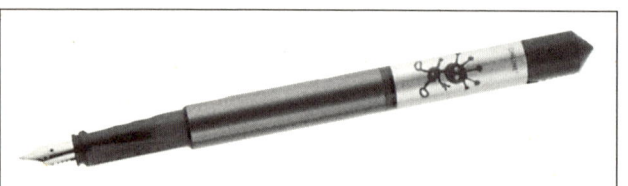

Anfängerfüller der Firma Online.

3.4 Der Anfängerfüller von „Pelikan"

Die Firma hat folgende ausführliche Auskunft erteilt: „Die Differenzie-rung (zwischen Schulfüller für Links- und Rechtshänder) liegt heute aus-schließlich im Griffbereich des Vorderteils: So liegt die Griffmulde für Linkshänder ergonomisch entsprechend linksseitig und umgekehrt."

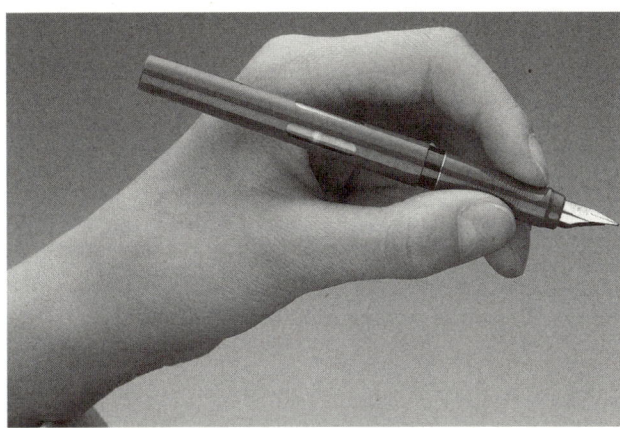

*Anfängerfüller
der Firma
Pelikan.*

„Die Schreibfedern sind technisch schon immer identisch gewesen (Feder-schenkel, -spitze und -korn). Einen Unterschied gab es in der Geometrie des Federhalses (Teil, der im Halter steckt), bedingt durch die innen früher asymmetrischen Vorderteile für Rechts- und Linkshänder. Inzwischen sind beide Vorderteile innen symmetrisch, sodass es heute keiner unterschied-lichen Federn mehr bedarf." (Brief vom 28. 2. 1996)
Im Handel hat sich allerdings die Unterscheidung, „die Modelle nach ‚L-Feder' (für Linkshänder) und ‚A-Feder' (Anfängerfeder für Rechts-händer)" eingebürgert und wird um Irritationen zu vermeiden auch so bei-behalten. Tatsächlich besteht der Unterschied nur in den Griffmulden.
Die seitliche größte Griffmulde links ist für den Zeigefinger gedacht, der Daumen hält gegenüber, und darunter stützt der Mittelfinger den Füller, sodass die Feder „flach" auf dem Papier aufliegt und nicht kratzt. Das ist auch dann gegeben, wenn das Füllerende so gehalten wird, dass es über den linken Arm nach hinten zeigt.

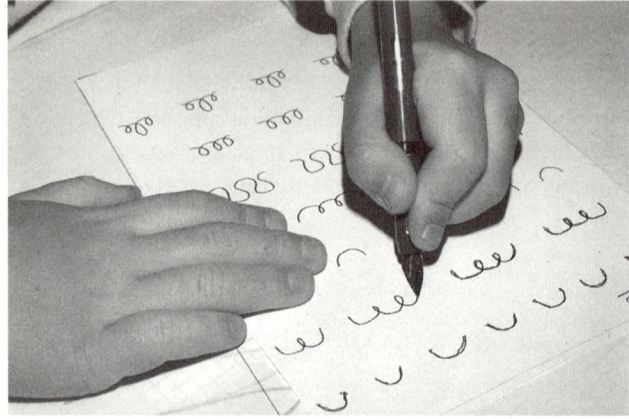

*Der Zeigefinger
liegt in der Griff-
mulde. Dadurch
liegt die Feder
flach auf dem
Papier auf und
kratzt nicht.*

3.5 Der Anfängerfüller von „Schneider"

Sehr ausführlich informiert die Firma über ihre verschiedenen Linkshänderfüller, wobei sie zu fast jedem Modell auch eine Linkshänder-
variable anbietet: „Alle unsere Linkshänderfüller besitzen, ob mit oder
ohne definierten Griffbereich, eine spezielle Linkshänderfeder. Diese
zeichnet sich vor allem durch eine besondere Anschliffkontur des Iridiumkorns aus."
„Der Unterschied in der Schreibweise eines Linkshänders bei einer
Schrift, die von links nach rechts läuft, ist das häufige Schieben der Feder
auf dem Papier."

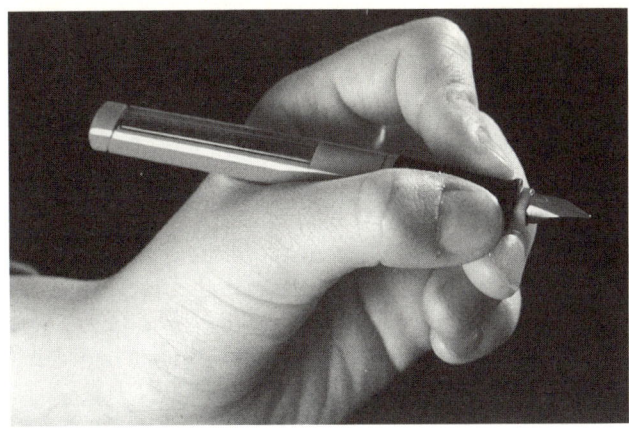

„Weiterhin ist der Aufsatzwinkel der Feder genau spiegelverkehrt gegenüber dem eines Rechtshänders. Da aber die Feder immer so aufgesetzt werden muss, dass der Kapillarspalt des Korns das Schreibpapier berührt, ist für L-Federn eine spezielle Form notwendig. Dies wird beim Anschliff des Iridiumkorns berücksichtigt. Es wird in Schreibstellung nach rechts abgeschrägt angeschliffen und poliert. Damit erreicht man für Linkshänder vergleichbare Schreibeigenschaften."

Des Weiteren unterscheidet sich der Schneider-Linkshänderfüller „insofern von dem für Rechtshänder, als die Griffmulden bei Modellen mit speziell ausgeformtem Griffbereich entgegengesetzt zum Rechtshändermodell angeordnet sind. Es gibt auch Varianten mit rotationssymmetrischem Griffbereich." (Brief vom 18. 3. 1996)

37

3.6 Der Anfängerfüller, Modell „Tornado" von Herlitz

Auch für den Anfängerfüller der Firma Herlitz, Modell „Tornado", gibt es eine Links- und eine Rechtshänderausführung. Dazu nimmt die Firma freundlicherweise wie folgt Stellung: „Beide Füllhalter unterscheiden sich lediglich in der Feder, die nach Auskunft des Herstellers entgegengesetzt angeschliffen ist. Dieser Unterschied ist jedoch in der Praxis nur schwer nachzuvollziehen und im Gegensatz zu einem ergonomisch geformten Griffstück weniger entscheidend. Unsere Füllhalter haben deshalb eine speziell ausgeformte Griffzone mit einem Griffstopp, die sowohl Links- als auch Rechtshändern ein ermüdungsfreies Schreiben ermöglichen soll." (Brief vom 3.7.1996)

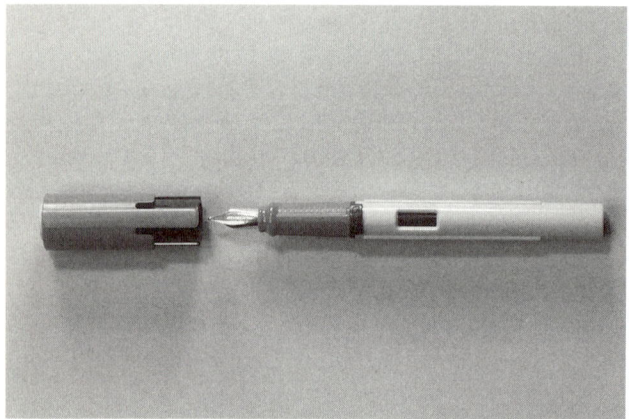

Anfängerfüller Modell „Tornado" der Firma Herlitz.

3.7 Tintenroller

Die von manchen Lehrern akzeptierten Tintenroller können für linkshändige Kinder eine große Erleichterung und eine sinnvolle Alternative zum Füller sein.

Gerade bei linkshändigen Schülern, die in der so genannten „Hakenhaltung" von oben schreiben, kann der Tintenroller helfen, die Probleme mit dem Füller etwas zu lindern. Die Tinte verwischt zwar auch hier noch. Bei manchen Fabrikaten trocknet sie aber durch die knapp dosierte Tintenabgabe etwas schneller. Die runde Spitze verhindert Probleme mit einer schräg aufgesetzten, kratzenden Feder, die bei Schreibern in der „Hakenhaltung" nicht selten auftreten.

Es ist jedoch gut abzuwägen, in welchem Alter man dem Kind einen Tintenroller zur Verfügung stellt. Linkshändigen Kindern, die mit Füller schreiben wollen und sollen, ist es besser, anfangs keinen Tintenroller zu geben, da eine vermeintliche Sicherheit, nicht zu verwischen, vorgespiegelt wird. Wenn später mit größerem Tempo geschrieben wird, kann sich das als eine trügerische „Falle" erweisen, weil der Schüler sich angewöhnt hat, mit der Hand über den gerade geschriebenen Text zu rutschen, da er von Anfang an keinen Korrekturzwang dieser ungünstigen Schreibhaltung verspürt hat. Das böse Ende kann dann also später kommen, wenn der Schreiber in die „Falle" seiner ungünstigen Schreibhaltung bei größerer Schreibgeschwindigkeit geraten ist.

Schüler hingegen, die inzwischen Probleme mit dem Verwischen der Tinte haben und die ihre Schreibhaltung nicht mehr korrigieren können, haben mit einem Tintenroller bis zum Erreichen einer bestimmten Schreibgeschwindigkeit keine Probleme. Ist diese jedoch erlangt und ihre Schrift wird noch schneller, kann es wieder zum Verwischen kommen und sie müssten dann zu einem anderen Schreibgerät wechseln.

Tintenroller mit ergonomisch geformten Griffstücken, die sich für Grundschüler eignen, gibt es von folgenden Firmen: Lamy, Online (auf das Griffstück des Füllers aufschraubbar), Stabilo (mit speziell ergonomisch geformtem Griffstück für Linkshänder). Der Qlever Senator Tintenroller ist erst für erfahrenere Schreiber zu empfehlen, weil die verstellbare, an eine individuelle Schreibhaltung anpassbare Spitze beratungsbedürftig ist und der Umgang mit diesem Schreibgerät gezeigt werden muss.

Der Qlever Rollerball wird gern von erwachsenen umgeschulten Linkshändern benutzt, die sich in der Rückschulungsphase auf ihre linke dominante Hand befinden.

KAPITEL 4:
Einüben der richtigen Schreibhaltung

4.1 Spiegelschrift und Buchstabenablauf

Damit sich ein linkshändiges Kind möglichst rechtzeitig eine angemessene Schreibhaltung angewöhnen kann, sollte ihm von Beginn des Malens an eine Blattneigung nach rechts gelehrt werden. Etwa ein halbes bis ein Jahr vor Schulbeginn sollte dann die Haltung gezielter gezeigt und mit ihm beim Nachspuren und freien Schwungübungen von verschiedenen Formen spielerisch geübt werden. Dazu ist es nicht ratsam das Kind bereits Buchstaben schreiben zu lassen, denn erstens lernt es diese in der Schule entsprechend der dort angewandten Schriftart und Methode und könnte durch Abweichungen dann irritiert werden, zweitens neigen linkshändige Kinder durch ihre typischen Eigenschaften zunächst dazu viel in Spiegelschrift zu schreiben und oft auch die Buchstaben im Schreibablauf „umgekehrt herum", „von hinten" zu beginnen[1]. Gemeint ist, dass das Kind den Buchstaben von rechts zu schreiben anfängt und nicht von links. Das kann

richtig   falsch

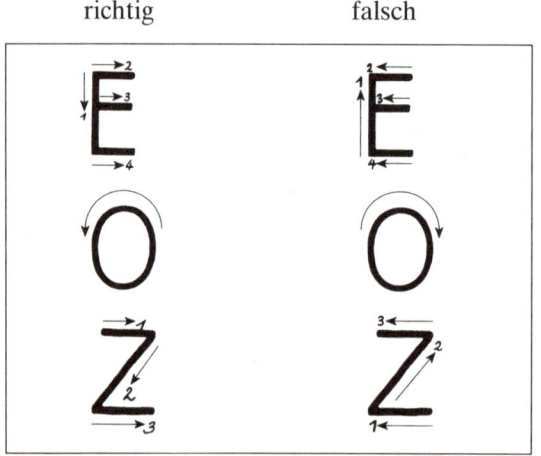

Beispiele der falschen und richtigen Buchstabenausführung.

---

1 Vergleiche: Sattler, Johanna Barbara, Das linkshändige Kind in der Grundschule. Erarbeitet im Auftrag des Bayerischen Staatsministeriums für Unterricht, Kultus, Wissenschaft und Kunst. Herausgegeben vom Staatsinstitut für Schulqualität und Bildungsforschung. Auer Verlag, Donauwörth, 1993, 2006[13], S. 41 ff.

sich später, beim Erlernen der Schreibschrift, behindernd auswirken, weil kein durchgehender Schreibfluss zustande kommt. Wenn Kinder allerdings beginnen ihren Namen zu schreiben, ist es an der Zeit, besonders dem Linkshänder die richtige Buchstabenausführung dabei zu zeigen.

4.2 Nachspuren zum Erlernen der Schreibhaltung

Das lustbetonte Nachspuren unterschiedlicher Muster eignet sich besonders gut zur Gewöhnung an die Schriftrichtung von links nach rechts. Das linkshändige Kind übt und lernt dabei die linke Hand unter den Mustern zu halten, die es mit einem Stift nachfährt (also genau wie später unter der Schrift), und mit der linken Hand gleichmäßig nachzurücken. Dabei kommt es nicht auf Genauigkeit an.

Auf den Vorlageblättern findet man entsprechende Vorschläge. Die Übungsblätter sind bewusst mit der Hand gezeichnet und daher teilweise unregelmäßig, um Misserfolgserlebnisse bei Kindern auf Grund der Perfektion der Vorlage auszuschalten. Die Blätter können kopiert und dem Kind mehrmals gegeben werden. Überforderung und Zwang sind aber auch dabei unbedingt zu vermeiden.

Die nachspurende linke Hand liegt unter der Zeile, die rechte Hand stört nicht.

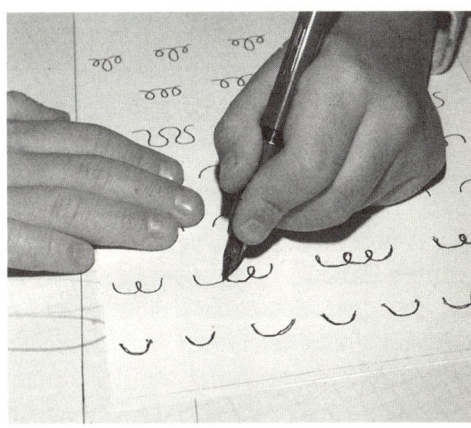

Die nachspurende linke Hand liegt noch unter der Zeile, aber der Handballen ist nicht richtig nachgerutscht und die ganze Hand wirkt eigenartig langgezogen und spitz. Die rechte Hand stört noch nicht.

Die nachspurende linke Hand wischt über die Zeile, auf der sie schreibt, sie verwischt dabei die Tinte; die Hand ist nicht richtig nachgerutscht. Die rechte Hand wurde an den Blattrand zurückgezogen und stört nicht.

Mit einer DIN-A5-Nachspurvorlage übender Junge. Das Blatt liegt an dem auf der Schreibunterlage markierten Winkel an. Der sechsjährige Junge kann diese Blattgröße gut bewältigen.

Bei den Nachspurübungen soll das Kind spielerisch die vorgegebene Linie, z. B. mit einem weichen farbigen Stift, nachfahren, und der Handballen soll an den Stellen, an denen das Muster unterbrochen wird, unter der Zeile nachrutschen.

Es kann auch für Verständnis und Einsicht des linkshändigen Kindes für diese Übungen von Vorteil sein, wenn ihm ausnahmsweise ein Füller in die Hand gedrückt wird, um damit zu demonstrieren, warum es so wichtig ist, dass die Hand nicht über die Schrift wischt[1].

Zunächst sollte mit DIN-A5-Blättern geübt werden. Dabei sieht das Kind die Anlegelinien auf der Schreibunterlage und die richtige Lage der rechten Hand.

Es geht, wie gesagt, bei diesen, auf die Angewöhnung der richtigen Schreibhaltung zielenden Übungen *nicht* um die Entwicklung einer Kunstfertigkeit oder die Anregung der Kreativität, *nicht* um Perfektion oder Schönheit, sondern *nur* um die Schreibhaltung, also die richtige Hand- und Stifthaltung und Blattlage. Nur diese sollen von einem möglichst anfangs immer daneben sitzenden Elternteil oder Erzieher gelobt und unter

---

1 Sinnvoll kann es auch sein das Kind auf eine hochgehängte Tafel mit Kreide Muster malen zu lassen.

Umständen belohnt werden (siehe dazu Kapitel 4.4: Positive Verstärkung durch Belohnung).

Dennoch können die Muster auch zu besonderen Anlässen und Zwecken Verwendung finden (zum Beispiel als Schmuck für Geburtstags- und andere Festtagsgrüße), weil dadurch die Motivation und Schaffensfreude der Kinder gestärkt wird (siehe Übungsblätter Seite 117–133).

Diese Übungen sind also *nicht*, beziehungsweise nur sehr bedingt, zur Förderung der Handgeschicklichkeit geeignet! Die Nachspurübungen ersetzen nicht das Kneten mit Wachs oder Plasteline, das Malen mit Finger- und Wasserfarben, mit Buntstiften und Wachsmalkreiden, um die Muskeln der Hand zu kräftigen, denn zum Schreiben brauchen Links- und Rechtshänder jeweils eine kräftige linke beziehungsweise rechte Hand[1]. Um die Fingerbeweglichkeit auf eine später zu erlernende gut automatisierte Handschrift vorzubereiten, ist es sinnvoll, anzuregen in den Zwischenzeilen die Formen frei zu zeichnen und später ohne Vorlage die Formen zwischen der Anfang- und Endform zu ergänzen (siehe Blatt 21 und 22).

Auch sollen die Nachspurübungen nur freiwillig von dem Kind durchgeführt werden, nicht als strenges Muss oder gar als Strafe.

Übungsdauer

Für viele Kinder ist eine Übungszeit von zehn Minuten bis zu einer viertel Stunde am Tag ausreichend und oft bereits körperlich und psychisch erschöpfend, denn das konsequente Beachten der verschiedenen Vorgaben, auch unter liebevoller Kontrolle eines Erwachsenen, strengt sie trotzdem

Übung mit DIN-A4-Format: Das Blatt liegt an dem auf der Schreibunterlage markierten Winkel an, der für die Größe der jungen Frau gerade richtig ist, sodass sie bequem nachspuren kann.

---

1 Anregungen bei Pauli, Sabine, Andrea Kisch, Geschickte Hände. Feinmotorische Übungen für Kinder in spielerischer Form. verlag modernes lernen, Dortmund, 1993.

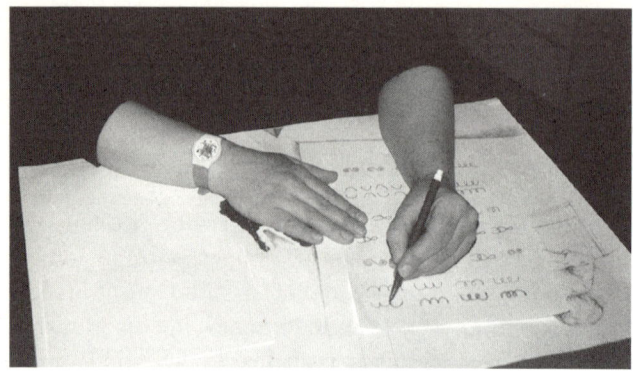

Übung mit DIN-A4-Format: Wenn die schreibende linke Hand in die Mitte bzw. Richtung Ende der Zeile kommt, ist es günstig, wenn die rechte Hand das Blatt weiter nach links schiebt.

sehr an. Hier kann aber auch das vorgeschlagene Belohnungssystem (Kapitel 4.4) Anreiz und Hilfe sein.

Übungen mit größeren Papierformaten

Nachdem das Kind mit der DIN-A5-Blattgröße zurecht kommt, können die großen DIN-A4-Blätter eingesetzt werden (Blattnummer 11–16). Wenn das Kind mit der obersten Zeile beginnt, deckt das Blatt dabei meist die Anlegewinkel auf der Schreibunterlage zu; nur oben und links schauen die Linien heraus und geben dadurch die Richtung der Blattlage an. Die Schreibzeile sollte etwa auf Höhe der auf der Schreibunterlage markierten rechten Hand liegen und das Blatt soll, je weiter das Kind nach unten kommt, kontinuierlich nach oben geschoben werden.

Es ist wichtig, dass auch mit dieser Blattgröße geübt wird, denn in der Schule werden beide Größen benutzt und das Kind sollte dann schon an die entsprechende Blatt- und Handlage gewöhnt sein um sie auch richtig auf Schulhefte anwenden zu können.

Kind übt mit DIN-A4-Format: Das Blatt ist über den markierten Winkel hinaus nach rechts geschoben, nur oben schaut der senkrechte Markierungsstrich heraus.

44

Kind übt mit DIN-A 4-Format: Wenn die schreibende linke Hand in die Mitte bzw. Richtung Ende der Zeile kommt, ist es günstig, wenn die rechte Hand das Blatt weiter nach links schiebt.

Aus den Aufnahmen wird deutlich: Wenn das Ende des Schreibgeräts nicht in Richtung über den linken Arm zeigt und die ganze Hand unter der Zeile – etwa analog dem Schreiben auf der Zeile – nachrückt, wischt die linke Hand über das gerade Geschriebene. Das frühzeitige Erlernen des regelmäßigen Nachrückens beim Schreiben mit der linken Hand ist äußerst wichtig für eine entspannte Schreibhaltung „von unten".

Das *Nachrücken* ist deshalb so wichtig, weil beim Schreiben mit der linken Hand diese nachrutschen muss, während beim Schreiben mit der rechten die Hand weggezogen wird. Beim falschen Nachrücken der linken Hand geschieht es daher oft, dass die Hand, je weiter sie nach rechts kommt, immer mehr über die Schrift nach oben gezogen wird und, da Bunt- und Bleistifte nicht verwischen, sich linkshändige Kinder dadurch schon sehr früh eine falsche Haltung angewöhnen, die sie später, beim Schreiben mit dem Füller, nicht mehr fähig sind zu korrigieren und aus Not dann in die Hakenhaltung von oben ausweichen.

4.3 Freude – eine unerlässliche Notwendigkeit für den Erfolg

Wichtiger Hinweis: Es ist nicht gemeint, dass die linkshändigen Kinder mit diesen Nachspurübungen nachhaltig trainiert werden sollen und ihnen somit manchmal schon vor Beginn der Schule der Spaß an diesen Tätigkeiten genommen wird. Beabsichtigt ist, eine Hilfestellung zu geben um das vermeidbare spätere Verwischen der Tinte und die verkrampfte Handhaltung zu verhindern.

Die Übungen sollten also spielerisch durchgeführt werden, vielleicht mit nur dazu benutzten weichen, besonders schönen Buntstiften. Wachsmalkreiden sind nicht zu empfehlen. Sie sind zu dick im Strich, zu kurz und liegen nicht so in der Hand wie Buntstifte und später der Füller. Günstig können (zeitweise) unter Umständen auch Tintenstifte sein, aber die Spitze darf nicht abgeschrieben sein, ansonsten kann das Kind den Stift nicht schräg, in Richtung des linken Arms, halten, weil dann die Tinte nicht richtig fließt, sondern es muss ihn zu steil halten, sodass die Gefahr entsteht, dass die linke Hand nicht unter der Zeile liegt.

4.4 Positive Verstärkung durch Belohnung

Positive Verstärkung, also Lob, hat pädagogisch eine weit größere Wirkung als Kritik und Tadel. Daher wird hier ein Belohnungssystem vorgeschlagen, das sich durch die Belohnung mit Früchten aus dem sibirischen Märchen „Der Zauberbaum" ergibt.

Das Märchen soll dem Kind vorgelesen werden, damit es den Zusammenhang mit den Fruchtstückchen und den ganzen Früchten auf den Übungsblättern versteht.

Man kann die Verstärkung auch variieren, indem für eine bestimmte Anzahl von Fruchtstücken und ganzen Früchten mit dem Kind zuvor eine Belohnung fest ausgemacht wird, zum Beispiel ein Ausflug, eine Süßigkeit, schwimmen gehen oder andere Dinge und Tätigkeiten, die das Kind erfreuen und die pädagogisch vertretbar sind.

Wichtig dabei ist, dass diese Belohnung auch eingehalten bzw. durchgeführt wird (am besten schreibt man sich das auf) und dem Kind nicht willkürlich wieder aberkannt werden kann, weil es vielleicht andere vereinbarte Pflichten nicht erfüllt hat. Dadurch würde die Belohnung ihren Sinn verlieren und das Kind enttäuscht, möglicherweise kann es die Lust an den Übungen sogar ganz verlieren.

DER ZAUBERBAUM

Sibirisches Märchen

In den Weiten der nördlichen Mitte Sibiriens, wo die Taiga immer mehr in die Tundra übergeht, leben nur wenige Menschen. Die Natur ist hier ursprünglich wie vor Tausenden von Jahren. Wunderschön in ihrer Eigenständigkeit, aber für uns Menschen sehr rauh. Auch Tiere müssen äußerst widerstandsfähig sein, wenn sie dort überleben wollen, und der lange, kalte sibirische Winter lässt immer die Frage offen, ob man ihn überhaupt übersteht.

So wird das Leben hier auf eine eigenartige Weise spannend, und man genießt jeden Tag, um den man nicht kämpfen muss, gleichgültig ob Jäger oder Gejagter, Sammler, Züchter, Holzverarbeiter und was alles hier zwischen Tieren und Menschen an Berufen und Lebensarten verteilt ist.

Der lange, kalte sibirische Winter lässt dann schlagartig eine Natur für kurze Zeit aufblühen, die überschäumt von kräftigen, satten Farben und Düften, strahlt und summt und die sich vor allem bewegt. Das betrifft nicht nur die Pflanzen im Wind und die Tiere, sondern auch die Erde selbst bewegt sich. Sie ist feucht bis in große Tiefen, moorig mit riesigen Torflagern, in die abgestorbene Pflanzen in Tausenden von Jahren immer tiefer unter die Oberfläche versunken sind und sich ohne Luft in brennbare, kohlenähnliche Stoffe umgewandelt haben. Das ist ein Prozess, der überall auf der Erde stattgefunden hat, nur dass er heute meistens in Teilen der Kontinente vor sich geht, wo die Menschen ihn nicht stören, weil hier der Winter überwiegt, ob das nahe der Antarktis ist, im südamerikanischen Patagonien oder im nordamerikanischen Kanada und Alaska oder in Europa im nördlichen Schweden, Norwegen oder Finnland, vor allem aber in Sibirien. Dieser Prozess läuft und wird immer laufen, weil es hier für die meisten Menschen zu unwirtlich ist lange Fuß zu fassen.

Die Leute, die in Sibirien leben, sind von verschiedenstem Ursprung. Es sind Eskimos, aber auch Nachkommen von Aussiedlern, Verbannten und Geflüchteten, aus welchen Teilen Russlands auch immer, sogar manche entschlossene Menschen aus den verschiedensten europäischen Ländern haben hier Ruhe und Frieden vor ihren Verfolgern und Peinigern gefunden, ebenso wie aus vielen Staaten Asiens. Die Bevölkerung nennt sich stolz Sibirjaks, Rassen, Religionen, völkische Zugehörigkeit ignorierend, sie sind einfach Sibirjaks, denn Sibirien hat sie nach ihrem Bild geformt, und manche sogar schon über Generationen hinweg.

Der Sommer kann sehr heiß werden in diesem kontinentalen Klima, das sich durch große Kontraste auszeichnet, und dann herrscht hier ein buntes, schnelles Treiben, untermalt durch das hohe C der in zittrigen, flüchtigen Wolken ihre komplizierten Hochzeitstänze übenden Mücken. Was die Bäume betrifft, gibt es vor allem Birken, dann einige Nadelbäume wie Fichten und Tannen. Blätterbäume allerdings vegetieren meistens nur so vor sich hin, und überall gibt es Moos und die verschiedensten Flechten, die sehr farbenprächtig sein können.

Hier lebte Alexander, ein Mann von unbestimmtem Alter, mit einer von den Wettereinflüssen gegerbten Haut, irgendwie knorrig, wie alle die Pflanzen um ihn herum und ebenso widerstandsfähig.

Aber niemand nannte ihn Alexander, wie er getauft worden war, sondern Aljoscha. In manchen Dokumenten stand Alexej, und die ihm ganz nahe stehenden Menschen nannten ihn Ljuschka, schon seit der Zeit, in der er als Bub Pilze und Waldfrüchte sammelte, und man war an seine Wortkargheit und seine Bevorzugung der träumerischen Einsamkeit gewöhnt. Aljoscha beherrschte viele Berufe und übte an sich doch keinen aus. Im Sommer wurde er von den Bewohnern des Bezirks für seine Arbeit als Torffeuerwächter bezahlt. Allerdings wurde er meist mit Naturalien entlohnt.

Aus den verschiedensten Gründen konnte nämlich in der kurzen Zeit der sengenden Hitze und starken Sonnenstrahlen im Sommer der Torf Feuer fangen. Das war ein eigenartiges Feuer. Es brannte nicht mit lodernden Flammen, sondern blieb versteckt, geheimnisvoll und heimtückisch verborgen, verriet sich aber dem aufmerksamen Beobachter durch nebeligen Rauch, der gespenstig aus verschiedenen Stellen des Bodens herausquoll. Die Erde selbst brannte.

Tief unter der Oberfläche frisst sich die Glut durch das alte Torflager, wo das Moor ausgetrocknet ist, und man sieht plötzlich Bäume ohne ersichtliche Ursache umfallen, wie durch die unsichtbare Hand des Todes ihres Wurzelhaltes beraubt. So ein Feuer kann gefährlich sein und die Natur erholt sich von einem Torffeuer nur sehr langsam und schwer. Aus diesem Grunde müssen Menschen zu Hilfe kommen und das ist seit Jahrhunderten so. Meist kommen sie mit Spaten und Spitzhacken, weil nach wie vor in dieser moorigen Landschaft kein schweres Fahrzeug oder Gerät zu benutzen ist. Dann graben sie tief, um den Weg des Feuers zu unterbrechen, denn eine offene Stelle, die durch das Graben entsteht, kann nicht durch das schwelende Feuer überwunden werden. Es braucht enge Berührung mit dem Torf.

Im Winter schnitzte Aljoscha aus altem, in der Taiga gefundenem Holz Figuren und fertigte ganze hölzerne Bilder an. Auch Ikonen hatte er schon geschnitzt und manche gelangten auf verschlungenen Wegen bis in die Großstädte und wurden teuer als Werk eines unbekannten Volkskünstlers verkauft. Aber von diesem Geld hatte Aljoscha nichts. Er bekam meistens nur so viel, dass er überleben konnte, aber trotzdem war er glücklich. Er bewunderte die Pflanzen, wie sie ununterbrochen still und zäh um ihr Leben kämpften und gleichzeitig Leben ermöglichten.

Ebenso wie Aljoscha kein Lebewesen tötete – man munkelte sogar, dass er mit den Wölfen und Bären spreche und mit den Vögeln zwitschere – konnte er es nicht ertragen, wenn er eine Pflanze leiden sah, gebrochen von einem Tier auf der Flucht, vom Unwetter oder sogar durch Menschenhand, mit angeknickten Zweigen. Daher hatte Aljoscha immer ein Stück Bast bei sich, und in einer ähnlichen Art, wie man im Garten Ästchen auf den Stamm von anderen Bäumen aufpfropft um sie zu veredeln, heilte er die gebrochenen Bäume und Büsche, indem er die wunde Stelle zusammenband, von außen mit Bienenwachs bestrich und, wenn es notwendig war, auch eine hölzerne Schiene befestigte, wie bei einem gebrochenen Bein. Das brachte ihm den Namen „Baumdoktor" ein. Die Leute lächelten darüber, aber Aljoscha ging seiner Wege und war zufrieden. Immerhin war

der Kosename Baumdoktor besser als Bärenfresser, wie sie seinen Pelz-
tiere jagenden Nachbarn riefen, oder Honigsäufer, wie ein anderer genannt wurde, der aus wildem Bienenhonig ein berauschendes Getränk be-
reitete.

So verging die Zeit in Jahren, die Aljoscha nicht zählte, und einmal im
Frühling auf dem Weg durch die gerade wieder explosionsartig erwa-
chende Natur, als noch viel Schnee auf dem Boden lag und Aljoscha etwas
wehmütig an seinen Kühlschrank dachte, den er mit dem dahinschmelzen-
den Schnee verlor, kam er zu seiner Nordeiche.

Es war ein eigenartiger, krummer und verknorrter Baum, der Aljoscha
immer mit magischer Kraft anzog. Er hatte immer ein Gefühl, als wollte
ihm der Baum etwas sagen, durch die Bilder, die in seiner von Wind, Kälte
und Hitze rissigen Rinde eingraviert waren, als würde er durch diesen
Zauber zu ihm sprechen, und er hielt sich im Sommer gern in seinem
Schatten auf, und im Winter versteckte er sich oft unter den Ästen in einer
Schneehöhle.

Der Kühlschrank von Aljoscha war übrigens ein abgestorbener Baum vor
seiner Semljanka, einer Blockhütte, die zum Teil in die Erde eingelassen
war, an dem Aljoscha seine eigenartige, aber hervorragend schmeckende
Suppe aus Pilzen, wilden Beeren und zerdrückten Nüssen aufhängte.

Ja, wirklich, aufhängte. Er kochte die Suppe in einem Kessel, dann ließ er
den Kessel draußen stehen mit einem Stück Schnur darinnen, und die
Suppe fror ein. Dann klopfte er sie vorsichtig aus dem Kessel in einem

Stück heraus und hängte sie mit der Schnur an den Baum. Das funktionierte immer, allerdings nur so lange, bis ein hungriger Bär diesen Kühlschrank entdeckte, und oft stand dann Aljoscha traurig vor den kümmerlichen Resten seiner Speisekammer.

Aljoscha kam jetzt also zu der Eiche, betrachtete sie und setzte sich auf eine knorrige Wurzel, die fast die Form einer Bank hatte, so wie sie aus der Erde herausragte. Er lehnte sich etwas zurück und schlief kurz darauf ein. Und dann hatte er einen eigenartigen Traum, halb Wirklichkeit, halb eine Erscheinung, wer kann das sagen.

Ein mächtiges Gewitter zog dabei auf, es donnerte und Blitze zuckten über den Himmel, der kräftige Wind pustete mit wilder Gewalt durch die Äste des Baumes.

Schlief Aljoscha oder hat er das tatsächlich erlebt? Jedenfalls schlug ein Blitz ein, zwar nicht direkt in den Baum, unter dem Aljoscha saß, sondern ein Stück daneben, warum und wieso, bleibt für immer ein Rätsel. Möglicherweise war Aljoscha halb bewusstlos. Jedenfalls sah er an einer knorrigen Stelle des Baumes, die dem Antlitz eines alten Mannes in dem Relief der Rinde ähnelte, plötzlich ein lebendiges Gesicht, das ihn ansprach. Das war das Gesicht des Baumes, etwas ähnlich dem Djeduschka Maross, etwas ähnlich dem Nikolaus, und es sagte ihm, dass er keine Angst haben solle, ihm passiere nichts, der Baum schütze ihn und er sei ein Pflanzendoktor und alle Pflanzen lieben ihn. Dafür solle er belohnt werden.

Als Aljoscha erwachte, sah er um sich herum tatsächlich rasch versickernde Wasserlachen und von den schweren Wassertropfen niedergewalzte Gräser. Viele abgerissene Blätter lagen herum. Plötzlich schaute er in seine linke Handfläche und dort lag ein eigenartig geflügelter Samen, etwas ähnlich den Samen, die im Herbst im Wind rotieren und weit von ihrem Ursprungsbaum wegsegeln, aber doch von einer Art, die er noch nie gesehen hatte. Und er wunderte sich auch, wieso er in seiner linken Hand lag, als ob er wüsste, dass Aljoscha ein Linkshänder war. Wie ein Kreuz sah der Samen aus, ein Kreuz aus leichten Blättern, wie kleine, bunte Windmühlenarme oder farbenprächtige Fächerflügel von eifrigen Grashüpfern, und in der Mitte war eine goldglänzende Verdickung, der eigentliche Samen. So etwas hatte Aljoscha wirklich noch nie gesehen und er wunderte sich, woher er gekommen sei, aber dann sagte er sich, dass ihn sicher das Gewitter aus der Ferne herangetragen hatte, und das musste von sehr weit her sein, weil er noch nie einen ähnlichen Samen gefunden hatte.

52

Aljoscha ging nach Hause und hatte das Gefühl, als ob ihm der Baum zufrieden winkte, wie ein alter Freund, der sich von ihm verabschiedete, nachdem er ihm ein Geschenk überreicht hatte.

Aljoscha kam also heim und pflanzte diesen Samen in seinem kleinen Garten, in dem er die verschiedensten Gewächse hatte, und dann vergaß er ihn wieder.

Aber schon ein paar Tage danach sah er einen Keim sich aus der Erde schlängeln, erst weiß, dann grün, und jeden Tag wuchs die Pflanze schneller und schneller und wurde größer und größer. So etwas hatte Aljoscha auch noch nie erlebt. In einer Woche war das Bäumchen bereits so groß wie er selbst, nach zwei Wochen dreimal so hoch wie der Kamin an seinem Haus und es wuchs zu einem mächtigen Baum in nur diesem einen Sommer. Der Baum wurde sogar größer als die Eiche, ein riesiger Baum, aber zu Aljoschas größtem Erstaunen mit verschiedenen Ästen und eigenartig unterschiedlich geformten Blättern, kleinen und großen, breiten und langen. Es sah so aus, als ob jedes Blatt eine andere Form und Färbung hätte, aber alles passte doch irgendwie harmonisch zusammen. Und dann trieben Knospen aus und erblühten und auch jede Blüte war wieder verschieden, nicht nur von anderem Aussehen, anderer Form, sondern sogar mit einer anderen Farbe und einem anderen Duft.

Von weit her kamen die Sibirjaks um sich den Baum anzuschauen, und sie boten Aljoscha viel dafür, wenn er ihnen einige der schönsten Ästchen abschneiden würde. Schönheit und Duft des Baumes steigerten die Angebote immer höher. Aber Aljoscha, der Baumdoktor, wollte seinem Zauberbaum nicht wehtun und er schnitt sowieso nie Äste von Bäumen aus purem Vergnügen ab.

Damit aber nicht ein paar verwegene Gesellen sich in der Nacht an seinem Baum zu schaffen machten, boten die Kinder der Nachbarschaft an, Wache zu halten und Aljoscha baute aus einer alten Plane und aus Ästen eine kleine Hütte für die Bewacher.

Alle waren neugierig, was weiter geschehen würde. Und die Blüten verloren ihre bunte Pracht und es kam zur Bildung von kleinen Fruchtknollen. Und dann geschah das Wunder. Ebenso wie die Blüten verschieden gewesen waren, war auch das Obst, das dieser Baum trug, verschieden. Es wuchsen auf dem Baum nicht nur verschiedene Äpfel und Birnen, sondern überhaupt das unterschiedlichste Obst wie Zwetschgen, Kirschen und verschiedene Beeren, aber auch Aprikosen und Pfirsiche und sogar südliches Obst, Bananen, Orangen, Mandarinen, Zitronen, Datteln, Feigen und Kokosnüsse. Und dann ganz fremdartiges Obst, wie Mangos, Papayas und weitere fremde Früchte, die man in Sibirien noch nie gesehen hatte, und ganz oben sogar Ananas. Ein Zauberbaum, sagten alle, und von noch weiter her pilgerten die Menschen zu Aljoschas Hütte.

Aber Aljoscha verkaufte kein Obst, sondern er bot den Kindern an, dass sie sich selbst reife Früchte pflücken dürften. Und das war nicht nur als Belohnung zu verstehen und aus Liebe zu Kindern, sondern Aljoscha hatte auch an den Baum gedacht, weil Kinder leicht sind und so keine Äste abbrechen. Sie bewegen sich sehr geschickt und gelenkig, wenn sie nach oben klettern um sich Obst zu holen.

So vergingen Jahre und Jahrhunderte, war das gestern, ist es heute, oder wird das erst morgen sein? Niemand weiß es. Aber der Zauberbaum von Sibirjak Aljoscha bleibt ein Gesprächsstoff in langen, kalten Winternächten, wenn das Feuer im offenen Kamin brennt, das Holz duftet und knistert und von Zeit zu Zeit Funken fliegen wie die bunten Blütenblätter von Aljoschas Zauberbaum.

Liebe Kinder,

auf den Übungsblättern findet ihr einzelne Obststückchen – anfangs sogar nach jeder Zeile – und die ganze Frucht unten auf dem Blatt.

Diese Fruchtstückchen hat Aljoscha für euch bereit gelegt und ihr dürft sie ausmalen, wenn ihr die Muster jeder Zeile und dann des ganzen Blattes in einer Handhaltung nachgemalt habt, ohne mit der Hand über die gerade bearbeiteten Muster gewischt zu haben.

Und weil Aljoscha nämlich selbst ein Linkshänder war wie ihr und Kinder besonders mochte, dürft ihr für jedes fertige Blatt eine Frucht auf seinem Zauberbaum ausmalen, bis alle Früchte farbig sind, und wenn ihr möchtet und die Handhaltung und Blattlage gut könnt, dürft ihr auch sein Häuschen, seine Semljanka, und seinen verschneiten Garten mit dem Suppenbaum ausmalen.

Mit lieben Grüßen

die Nachbarskinder von Aljoscha

4.5 Besondere Beachtung von Kindern, die keine Lust zum Malen haben

Bei Kindern, die in der Kindergartenzeit auffällig wenig und vielleicht nur widerwillig malen, sollte man besonders vorsichtig sein. Es ist nämlich möglich, dass sie feinmotorische Schwierigkeiten haben und sich deswegen zurückziehen.

Feinmotorische Störungen können übrigens unabhängig von der Händigkeit auftreten und haben keinen Zusammenhang mit der Intelligenz des Kindes[1].

Solche Kinder sollten einem Ergotherapeuten oder Heilpädagogen vorgestellt werden (Adressen über die Berufsverbände, siehe Anhang). Dort ist gegebenenfalls auch der bessere Ort um damit zu beginnen, die richtige Schreibhaltung bei dem linkshändigen Kind vorzubereiten. Das verhindert, dass es zwischen den mit dem Kind übenden Eltern und dem Kind selbst zu vermeidbaren Spannungen wegen der richtigen Schreibhaltung kommt. Wenn bei so einem Kind aber die Grundlagen für die Schreibhaltung geschaffen sind, sollten die Eltern auf alle Fälle vorsichtig und spielerisch ihrem Kind helfen diese Haltung weiter zu üben, sie zu verfestigen und zu automatisieren.

Kinder, die sich mit ihrer Mal- und Schreibhand nicht festlegen, sondern hin- und herwechseln, müssen mit besonderer Aufmerksamkeit beobachtet werden. Hier ist nicht die geeignete Stelle, darauf näher einzugehen, deshalb sei auf entsprechende Literatur verwiesen[2].

4.6 Individuelle Anpassung an bereits festgelegte Schreibhaltungen

4.6.1 Allgemeines

Die Haltung des Stiftes zwischen den Fingern und die Lage des Blattes lassen sich, wenn sie bereits zu lange eingeübt wurden und somit festgelegt und automatisiert sind, oft kaum noch ändern.

---

1 Sattler, Johanna Barbara, Das linkshändige Kind in der Grundschule. Erarbeitet im Auftrag des Bayer. Staatsministeriums für Unterricht, Kultus, Wissenschaft und Kunst. Herausgegeben vom Staatsinstitut für Schulqualität und Bildungsforschung. Auer Verlag, Donauwörth, 1993, 2006[13]. Kapitel 7: Linkshändigkeit und Teilleistungsstörungen, S. 85 ff.
Pauli, Sabine, Andrea Kisch, Was ist los mit meinem Kind? Bewegungsauffälligkeiten bei Kindern. Ravensburger Buchverlag Otto Maier, Ravensburg, 1992.

2 Sattler, Das linkshändige Kind in der Grundschule. S. 16 ff., S. 91. Sattler, Der umgeschulte Linkshänder. S. 244 ff., S. 350 ff.

So können manche Kinder, bei denen zu spät versucht wird, die Haltung zu korrigieren, sogar mit Gleichgewichtsstörungen und Übelkeit reagieren und dann u. U. Schule und Schreiben völlig ablehnen. Sie können bei der neuen, zwar eigentlich „richtigen" Blattlage die Zeile nicht einhalten, und die Schrift wirkt zittrig und ungelenk (siehe Abbildung „Wut" – von dem betroffenen Kind selbst ausgesuchtes Wort).

Abb. aus: Das linkshändige Kind in der Grundschule[1]

Bei diesem linkshändigen Kind wurde in der ersten Klasse, ca. 12 Wochen nach Schulbeginn, versucht, die zu steile Handhaltung (…) zu korrigieren und das Blatt um 30 Grad nach rechts zu drehen. Das Kind reagierte wie oben beschrieben, und eine Schriftprobe (Abbildung „Wut") zeigte sehr deutlich die Unfähigkeit, die bereits neurophysiologisch und feinmotorisch festgelegte Schreibhaltung zu ändern"[1]. Als das Kind wieder zurück auf die steile Handhaltung überging, verringerten sich die Beschwerden sofort, es entwickelte sich sehr gut und hat eine schöne Schrift.

In solchen Fällen ist es notwendig, eine individuelle, für das Kind praktikable Haltung zu suchen, die nicht der oben vorgeschlagenen Haltung entsprechen muss, sondern von ihr mehr oder weniger stark abweichen kann.

4.6.2 Blattlage nach rechts gekippt

Kindern, die zwar von Anfang an die erwünschte, nach rechts gekippte Blattlage eingeübt, sich aber eine zu steile Stifthaltung angewöhnt haben, kann geholfen werden, indem das Blatt *noch mehr nach rechts* gekippt wird. So können sie in der bereits festgelegten Haltung des Stiftes weiter schreiben, wischen aber nicht über die Schrift hinweg.

Die folgenden Aufnahmen zeigen einen Buben, bei dem, wegen der sehr steilen Stifthaltung, die er auch bis zum Ende der ersten Klasse beibehalten hat, gerade diese weitere Neigung des Blattes nach rechts notwendig wurde, damit er die Schrift nicht verwischt.

---

1 Sattler, Das linkshändige Kind in der Grundschule, S. 36.

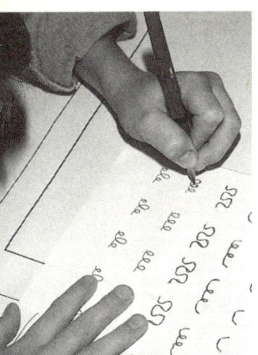

Die Schreibhaltung des Jungens (Ende der ersten Klasse), insbesondere seine Stift-haltung, sind schon sehr festgelegt und kaum noch zu korrigieren. Die linke Hand wischt automatisch über das Geschriebene.

Die linke Hand hält das Schreib-gerät verkrampft und ziemlich steil, das Ende des Füllers zeigt nicht in Richtung des linken Arms.

Da sich Stift- und Handhaltung nicht mehr ändern ließen – der Junge glitt nach jeder Korrektur in die alte, eingeübte Haltung zurück –, wurde das Blatt weiter nach rechts gekippt. So bleibt die Hand unter der Zeile und ver-wischt nicht mehr das Geschriebene.

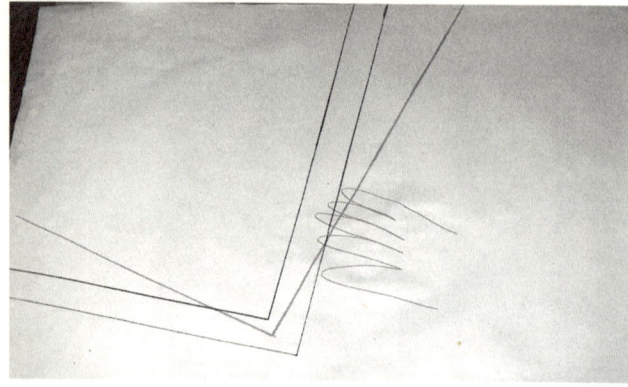

Schreibunterlage mit neu eingezeichneter, individuell richtiger Blattneigung.

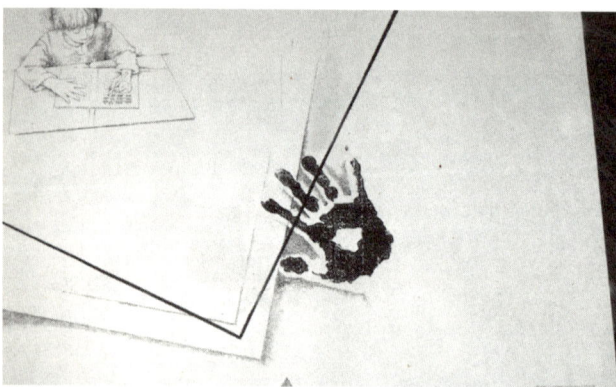

Für diesen Jungen ist in die hier vorgestellte Schreibunterlage die individuell richtige Blattneigung eingezeichnet.

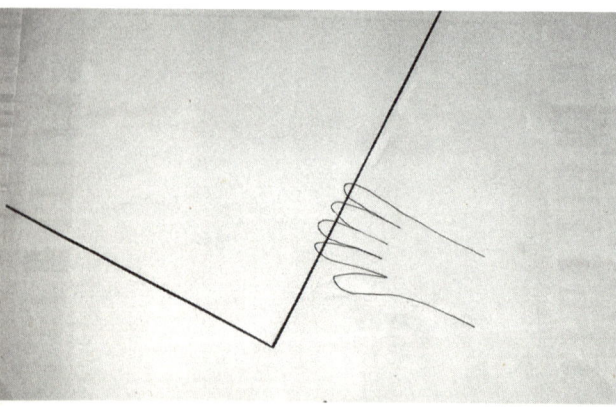

Neu gezeichnete Schreibunterlage mit individuell vorteilhafter Blattneigung.

Es ist sinnvoll die individuell passende Blattneigung in die Schreibunterlage einzuzeichnen (siehe mittleres Foto) oder die Blattneigung ganz neu auf ein DIN-A 2-Blatt für das Kind zu markieren.

4.6.3 Blattlage nach links gekippt

Bei Kindern, die bereits die Schreibhaltung „von oben" angenommen haben, die also schon ein bis zwei Jahre das Schreiben intensiv üben und bereits einen Füller benutzen, besteht meist keine Chance mehr, die Haltung und besonders die Blattneigung in die entgegengesetzte Richtung zu verändern.

Diese Kinder kippen das Blatt nach links (so wie viele rechtshändig Schreibende).

Auch mit großen Belohnungsanreizen ist diese Haltung kaum noch zu korrigieren und wenn es ein Kind tatsächlich doch schafft, ist das eine äußerst bemerkenswerte Leistung. Diese beinhaltet eine Änderung der verschiedenen eingeübten Automatismen, so zwischen Augen- und Handkoordination, Gewohnheit an die eingeübte Blattneigung und die gewohnheitsmäßige Wahrnehmung der gerade entstandenen Buchstaben und Wörter aus einem bestimmten Blickwinkel.

Diese Kinder sind dann meist auf sich allein gestellt, eine Schreibhaltung zu finden, die das Verwischen der Tinte verhindert.

Hilfreich kann hier sein, wenn das Blatt kontinuierlich noch weiter nach *links* gekippt wird. Das darf allerdings nicht abrupt vor sich gehen, ansonsten kann eine ähnliche Irritation entstehen wie bei der Neigung in die

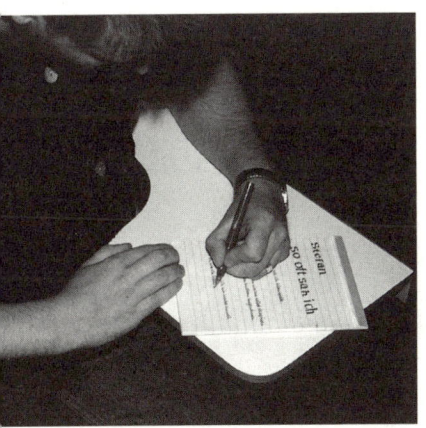 

Durch Kippen des Blattes nach links und Halten der Schreibhand „von oben", wird das Verwischen der Tinte beim Schreiben verhindert.

Schon beim ersten Schreiben mit dem Füller versuchen die Kinder durch das Kippen des Blattes nach links und die Haltung der Schreibhand über der Linie, auf der geschrieben wird, das Verwischen der Tinte zu verhindern. Hier stört die rechte Hand auf dem Papier nicht.

entgegengesetzte Richtung, sondern langsam, Stück für Stück. Bei dieser Blattneigung nach links liegt die Schreibhand ein bis zwei Reihen über der gerade beschriebenen Zeile, und die Tinte ist dann oft schon getrocknet, wenn die Hand weiter nach unten rutscht.

Je mehr jedoch der Schüler sein Schreibtempo steigert, um so mehr läuft er Gefahr, dass die Tinte noch nicht getrocknet ist, wenn er mit der Hand an der entsprechenden Stelle ankommt, und er muss das Blatt noch weiter kippen oder die aufliegenden Teile der Schreibhand nach oben ziehen, sodass manche nur noch mit einem kleinen Stück der Hand – z. B. einem Teil des kleinen Fingers – sich auf das Papier stützen bzw. mit ihrer Schreibhand aufliegen.

Dies ist sicher keine Idealhaltung, aber viele Linkshänder kommen damit gut zurecht, auch wenn sie zeitweise Probleme mit dem Verwischen des Textes haben und diese Probleme mit Steigerung des Schreibtempos immer wieder auftreten können.

Nebenbemerkung: Manche Linkshänder benutzen eine so stark abgeknickte Haltung nur beim Schreiben mit dem Füller und wenn sie mit Kugelschreiber oder Bleistift schreiben, gehen sie in eine weniger abgewinkelte Haltung zurück.

Ebenso kann die Hakenhaltung „von oben" zurückgehen, wenn der Betroffene weniger schreiben muss.

4.6.4 Waagerechte Blattlagen

Die in den letzten beiden Kapiteln beschriebenen Blattlagen werden von manchen Linkshändern bis zum Extrem der waagerechten Blattlage abgewandelt. Dabei wird entweder von oben nach unten oder von unten nach oben geschrieben.

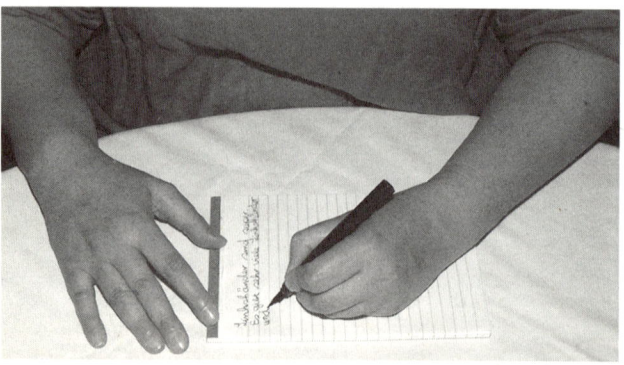

Schreiben mit waagerechter Blattlage von oben nach unten.

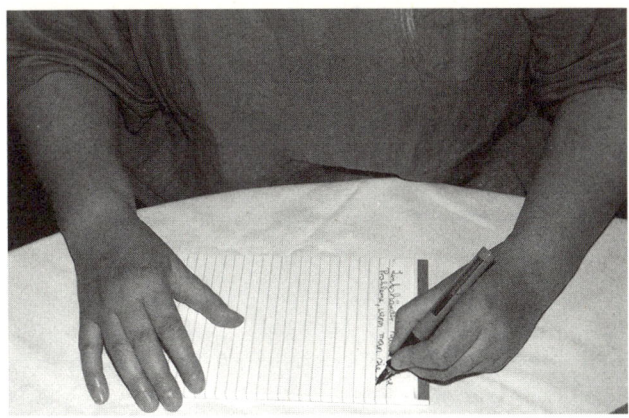

Schreiben mit waagerechter Blattlage von unten *nach oben.*

Beide Blattlagen erlauben eine relativ unverkrampfte Hand- und Stift-haltung, was wahrscheinlich der Grund ist, warum gerade solche Blattlagen als Ausweg gesucht werden.

Abschließend ist aber festzustellen, welche Blattlage und Handhaltung auch immer benutzt werden, wie eigentümlich sie auch aussehen mögen, es weit besser ist, so zu schreiben, als das linkshändige Kind auf den Ge-brauch der rechten Hand umzuschulen und damit die verschiedensten Störungen im Gehirn hervorzurufen, die sich dann besonders in der Schule, im Studium und oft auch im Beruf negativ bemerkbar machen und Auswirkungen auf die ganze Entwicklung des Menschen haben können[1].

4.7 Linkshändige Lehrerinnen und Lehrer

Da inzwischen immer mehr links schreibende Lehrerinnen und Lehrer an Grundschulen unterrichten, wird manchmal die Frage diskutiert, ob ein linkshändig schreibender Lehrer rechtshändigen Kindern das Schreiben beibringen kann.

Wenn diese Frage überhaupt ernsthaft gestellt werden soll, muss sie auch umgekehrt gelten: Kann ein rechtshändiger Lehrer Linkshändern das Schreiben mit der linken Hand richtig beibringen?

Diese Überlegungen werden aber meist ausgeklammert, hingegen über den Schreiblernprozess von Linkshändern im allgemeinen theoretisiert, womit sich oft linkshändige Lehrerkollegen, die das in der Praxis erlebt

1 Ausführungen und Beispiele dazu findet man in: Sattler, Der umgeschulte Linkshänder.

haben, nicht identifizieren und dies kaum aus ihrem eigenen Erleben nachvollziehen können.

Auch die Forderung, dass linkshändige Lehrer zumindest an der Tafel rechts schreiben sollten, damit die rechtshändigen Kinder den Lehrer nicht nachahmen und auch versuchen, mit der linken Hand zu schreiben, ist eindeutig abzulehnen. Im Gegenteil, wenn man diesen Gedanken logisch fortsetzt, müsste man – da gerade linkshändige Kinder, von denen auch heute noch ein Teil vor der Einschulung umgeschult oder die zumindest in ihrer Linkshändigkeit verunsichert werden – fordern, dass rechtshändige Lehrer, die linkshändige Schüler in ihren Klassen haben, an der Tafel links schreiben, damit sich die in der Minderheit befindlichen Linkshänder nicht verunsichert fühlen, denn die Rechtshänder werden, da sie meist die Mehrheit bilden, ja sowieso verstärkt.

Im Grunde sind diese Argumentationen aber schon fast als absurd zu bezeichnen. Denn wenn auch dem Nachahmungsfaktor bei Kindern eine besondere Rolle zukommt und vor allem im Verborgenen ausgesprochen manipulierend wirken kann, sollte die Frage der Händigkeit aus dem verdrängten Untergrund, wo sie unterschwellig wirkt, herausgeholt und besprochen werden. Die Kinder müssen begreifen, dass Links- und Rechtshändigkeit etwas Normales ist, so wie es eben Buben und Mädchen gibt, und dass eine Änderung der Händigkeit, wie eine Änderung des Geschlechts, nicht möglich ist und derartige Versuche in der Regel negativ verlaufen.

Hier ist eine gute Chance, die Händigkeit im Unterricht zu thematisieren und als etwas völlig Normales zu formulieren.

Gefordert muss allerdings werden, dass jeder Lehrer, gleichgültig welche Händigkeit er selbst hat, fähig ist, links- und rechtshändigen Kindern eine angemessene Schreibhaltung beizubringen. Dazu gehört auch, beide Schreibhaltungen, die linke und die rechte, zu kennen und ausprobiert zu haben.

Probleme kann allerdings ein linkshändiger, in der Hakenhaltung „von oben" schreibender Lehrer an der Tafel haben, weil er alles verwischt. Gerade er muss dann die Frage der Handhaltung besonders verinnerlichen, um nicht seine eigene Hakenhaltung vor allem an die linkshändig, aber auch an die rechtshändig schreibenden Schüler weiterzugeben.

Eine besondere Behandlung der Frage der Schreibhaltung im Unterricht ist also sicher angebracht. Vielleicht kann sie auch mit einem kleinen Wettbewerb zwischen den Schülern verbunden werden: Wer hat die beste Schreibhaltung?

Dokumentiert durch Fotos beim Abschreiben eines Textes können die Schreibhaltungen danach von den Schülern analysiert und beurteilt werden.

Die Thematisierung der richtigen Schreibhaltung, besonders für Linkshänder auf einem der ersten Elternabende in der ersten Klasse, sollte eine Selbstverständlichkeit sein, denn der Lehrer ist gerade bei linkshändigen Kindern auf eine gute Zusammenarbeit mit den Eltern, die zu Hause beim Erledigen der Schulaufgaben auf ihr Kind einen starken Einfluss haben, angewiesen.

KAPITEL 5:
Kalligrafieren mit links

Bei der Kalligrafie, der Schönschrift, deren Ausübung auf die besondere
Gestaltung jedes einzelnen Buchstabens großen Wert legt und die mit brei-
ter Feder und Tinte geschrieben wird, sind verschiedene Vorkehrungen für
den linkshändigen Schreiber absolut erforderlich. Das sind: eine Handhaltung unter der Zeile und ein nach rechts gekipptes Papier.
Weiter ist für den Linkshänder eine nach links abgeschrägte Feder sehr
vorteilhaft. Schreibt der Linkshänder mit einer normalen Breitfeder, so
muss er das Blatt noch weiter nach rechts, praktisch waagerecht kippen
und von oben nach unten schreiben.

Blattlage, Federanschliff und Federhaltung für Links- und Rechtshänder[1].

Für Linkshänder, die in der Hakenhaltung „von oben" schreiben, ist diese
Änderung der Blattlage oft äußerst unangenehm und sie haben Schwierig-
keiten, die jetzt in eine ganz andere Richtung auszuführenden Buchstaben
und Worte zu schreiben.
Hand und Auge sind bei diesen Linkshändern so an die praktizierte andere
Lage gewöhnt, dass beim Kalligrafieren dann die Buchstaben manchmal
nach links kippen, die Strichführung unsicher wird und die Linkshänder
Probleme haben, das Geschriebene in dieser Haltung überhaupt zu lesen.
Oft klagen sie über große Schwierigkeiten, besonders dass sie sehr langsam

---

1 Abbildungen aus: Goede, Julius de, Kalligrafie für Einsteiger. Schönschreiben lernen.
   Augustus Verlag, Augsburg, 1990, S. 23.

vorankommen, denn sie *malen* mehr als dass sie *schreiben* und müssen sich andauernd äußerst auf die ungewohnte Buchstabenausführung konzentrieren.

Linkshänder, die zuvor bereits die Blattneigung nach rechts gewohnt sind und mit der Hand *unter* der Zeile schreiben, haben weit geringere Schwierigkeiten beim Kalligrafieren und lernen es mit der nach links abgeschrägten Feder annähernd genau so schnell wie Rechtshänder.

Federn zum Kalligrafieren für Linkshänder gibt es von verschiedenen in der Adressenliste aufgeführten Firmen.

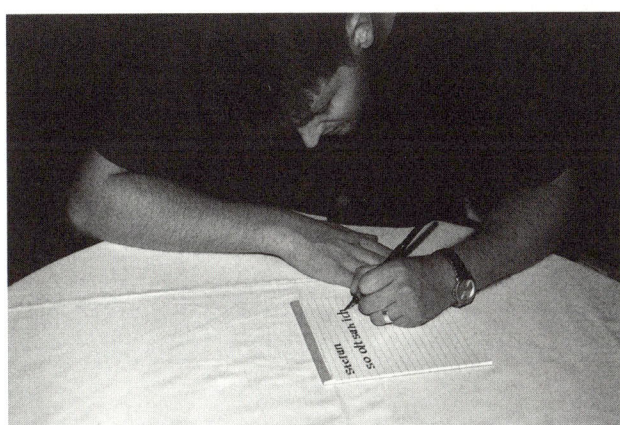

Kalligrafieren in einer bequemen Schreibhaltung bei fast waagerechter Blattlage.

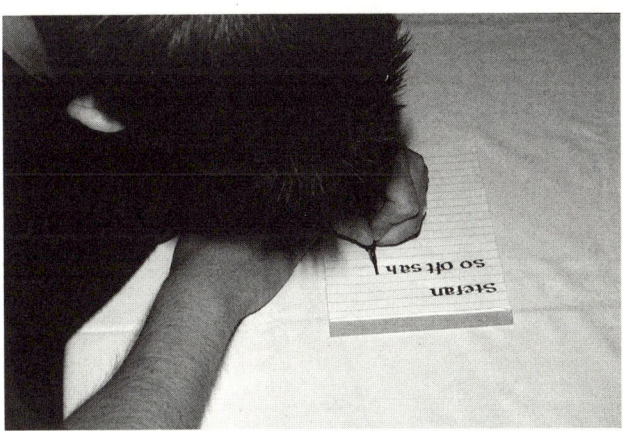

Ansicht dieses jungen Mannes aus einem anderen Blickwinkel.

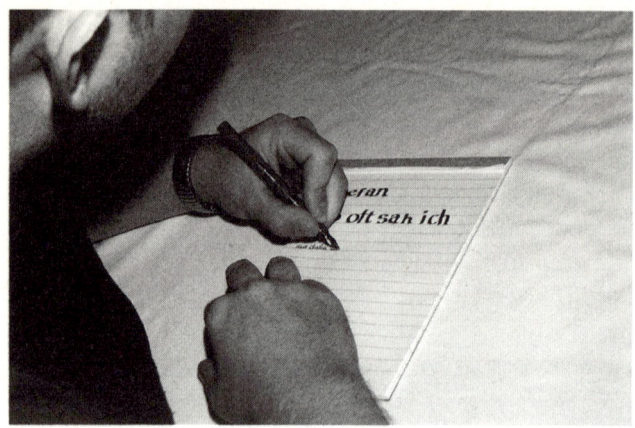

Beim Schreiben mit dem Füller kehrt allerdings derselbe junge Mann – wie in obigen Abbildungen – in seine normale Haltung zurück.

Teil B: Hantieren mit links

KAPITEL 6:
Wichtige Bewegungsabläufe
und Tätigkeiten mit links

6.1 Vorbemerkung

Falsch erlernte Automatismen, demonstriert am Beispiel der
Linkshänderschere

Viele erwachsene Linkshänder, die mit einer Rechtshänderschere gelernt haben, links zu schneiden, wundern sich sehr, warum sie mit einer echten Linkshänderschere nicht zurechtkommen. Sie probieren diese aus, fühlen sich unwohl dabei, ohne recht zu wissen warum, legen sie enttäuscht weg und greifen wieder zu der gewohnten Rechtshänderschere, um weiter mit der linken Hand zu schneiden. „Ich brauche keine Linkshänderschere", ist dann der Kommentar.

Tatsache aber ist, dass sie mit der ihren Bedürfnissen eigentlich entgegenkommenden Linkshänderschere nicht umgehen können. So schauen sie auf die „falsche" Seite der Scherenblätter, verheddern sich in dem abgeschnittenen Papier, das anders als gewohnt herunterhängt, und sie beginnen von der „falschen" Seite aus zu schneiden.

Hier handelt es sich um eine typische Tätigkeit, die mit einem nicht linkshandgerechten Werkzeug gelernt und bei der die Abläufe zwischen Haltung der Hände, Blick auf die Schnittstelle, Halten des Blattes festgelegt wurden und als Automatismus aus verschiedenen, gleichzeitig zu koordinierenden Tätigkeiten (Hand- und Blatthaltung, Verfolgen des Schnittes auf einer Seite der Scherenblätter) abläuft.

Dieser Automatismus ist ähnlich schwer zu ändern wie die oben beschriebenen, fest angewöhnten ungünstigen Schreibhaltungen. Auch ein Rechtshänder kann dieses Phänomen mit einer Linkshänderschere leicht nachvollziehen, wenn er sie in die rechte Hand nimmt und versucht, genau auf einer Linie zu schneiden. Dabei bemerkt er, dass er auf die andere Seite der Schneideblätter schauen und das Blatt anders halten muss.

> *Fazit:* „Falsch" erlernte linkshändig vollzogene Tätigkeiten mit Gebrauchsgegenständen für Rechtshänder lassen sich später kaum „richtig" mit der linken Hand auf Gebrauchsgegenstände für Linkshänder umlernen.

Folgerungen für die Ergonomie

Daraus folgt, dass die Ergonomie, die Wissenschaft, die sich mit der besten wechselseitigen Anpassung zwischen dem Menschen und seinen Arbeitsbedingungen beschäftigt, um die linkshandgerechte Ausformung von Gebrauchsgegenständen und Einrichtungen für Linkshänder ergonomisch günstig bzw. ihren Bedürfnissen entsprechend herauszufinden, *keine Linkshänder als Testpersonen heranziehen darf, die diese Tätigkeiten bereits „falsch" automatisiert, also sich falsch angewöhnt haben.* Erkenntnisse, die trotzdem so gewonnen wurden, sind verfälscht und ergonomisch wertlos, um mit ihrer Hilfe Rückschlüsse auf Anforderungen an linkshandgerechte Produkte zu erzielen. Interessant sind sie einzig für Wissenschaftler, die über Automatismen und deren Haften etwas erfahren möchten.

Linkshänder müssen sich oft an Gegenstände, die ihrem Handgebrauch nicht entsprechen, gewöhnen und recht und manchmal schlecht lernen, damit umzugehen.

Es soll jedoch nicht die Leistung geschmälert werden, die viele erzielen, wenn sie mit für sie nachteiligen Gebrauchsgegenständen umzugehen lernten und es auch zu guten Ergebnissen brachten.

Oft wird das aber mit sehr starken emotionellen Argumentationen verbunden, die den beidhändigen Gebrauch loben und dazu die verschiedensten Begründungen und Beweisführungen heranziehen. Ein hier meist vorgebrachtes Argument ist, dass, wenn die lebenswichtigen Tätigkeiten mit beiden Händen beherrscht werden, man im Falle der Verletzung oder des Bruches eines Armes oder einer Hand alles ohne Einbußen mit der anderen Hand vollziehen könne. Aber wie oft bricht man sich einen Arm? Soll man deswegen Vorkehrungen treffen, die z. T. zu Nachteilen bei Bewegungsabläufen und, wenn sie auch das Schreiben betreffen, sogar zu Gehirnstörungen führen können?

Diese Diskussionen, verbunden mit praktischen experimentellen Schulversuchen, wurden schon zu Beginn des 20. Jahrhunderts mit negativen Ergebnissen abgebrochen[1].

Ohne Zweifel gibt es viele Tätigkeiten, für die beide Hände gebraucht werden, und beide Hände sollen auch geübt werden, miteinander zu handeln, koordinierte Bewegungsabläufe zu vollziehen, aber die dominante soll immer die Führungshand sein, und daher sollen dieser auch ihr entsprechende Gebrauchsgegenstände zur Verfügung stehen, damit schnelle, ergonomisch effektive Handlungsabläufe ermöglicht werden. Nur so ist eine optimale feinmotorisch genaue Arbeit, ohne andauernde Überkompensation, möglich – also ohne ständigen Mehrverbrauch an Kräften, um häufig auftretende Koordinationsschwierigkeiten und kleine Ungeschicklichkeiten zu überwinden.

Ansonsten geschieht Ähnliches, wie der Chirurg Bier berichtete: Er „kannte einen Operateur, der sich Ambidexter benannte; als Bier ihn operieren sah, meinte er, „Ambisinister" sei zutreffender"[2].

> *Fazit:* Um die linkshandgerechte Ausformung von Gebrauchsgegenständen für Linkshänder ergonomisch „richtig" bzw. deren Bedürfnissen entsprechend zu erforschen, darf man keine Linkshänder als Testpersonen heranziehen, die diese Tätigkeiten bereits „falsch" automatisiert, sich falsch angewöhnt haben, sondern solche, die diesen Gebrauchsgegenstand erstmals benutzen.

Diese Regel gilt ganz besonders auch im Berufsleben, wenn bestimmte Bewegungsabläufe vorgegeben sind, sei es durch die bereits festgelegte Einrichtung eines Arbeitsplatzes oder durch tradierte Abläufe in der Teamarbeit oder am Fließband. Ebenso trifft das auf das Hantieren mit Werkzeugen und die Beschaffenheit von Gerätschaften in Handwerksberufen zu.

Dass etwas stört, nicht reibungslos abläuft, im übertragenen Sinn „gegen den Strich" geht, bemerkt der Anfänger weit leichter als derjenige, der bestimmte Verrenkungen oder ungünstige Einstellungen auf eine Handhabung oder einen Handlungsablauf akzeptiert und sich daran gewöhnt hat.

---

1 Siehe dazu Sattler, Der umgeschulte Linkshänder, S. 248 f.
2 Müller, Reiner, HYGIENE. Luft, Boden, Wasser, Nahrung, Kleidung, Körperpflege, Wohnung, Gewerbe, Eugenik. Urban & Schwarzenberg, Berlin, München, 1949[4], S. 356.

Die Eieruhr – der aufziehbare Kurzzeitwecker für die Küche

Auch im Alltagsleben finden sich solche Gegenstände, die nicht recht funktionieren, vielleicht aus unbekannten Gründen immer wieder schnell kaputt gehen und dann irgendwann nicht mehr ersetzt werden, aus einem unterschwelligen Unbehagen über den – an sich unschuldigen – Gegenstand, das oft nicht erklärbar ist.

Ein typisches Beispiel ist die aufziehbare Eieruhr, die normalerweise mit der rechten Hand nach außen gedreht werden muss. Der Linkshänder dreht aber intuitiv mit der linken Hand nach außen, also in die falsche Richtung, und macht das Gerät schnell kaputt. Denn die normale Küchenuhr ist nicht so konstruiert, dass sie auch in die andere Richtung gedreht werden kann.

Technisch müsste das Problem leicht lösbar sein; z. B., dass man beliebig nach beiden Richtungen drehen kann, wie das bei alten Armbanduhren der Fall ist, die man aufzieht, indem man an dem Rädchen, mit eingebautem Freilauf, hin- und herdreht. Offensichtlich hat bei Uhren das vom Mechanischen her ebenso mögliche Drehen nur in eine Richtung sehr schnell zu einem Defekt geführt und die Uhrmacher haben sich darauf eingestellt.

Der Geldbeutel

Auch manche Geldbeutel gebrauchen Linkshänder anfangs intuitiv falsch, weil der Schnappverschluss für das Hartgeld mit der rechten Hand geöffnet werden sollte. Dreht der Linkshänder nun den Geldbeutel, sodass er links den Verschluss öffnen kann, stellt er ihn praktisch „auf den Kopf" und die Geldscheine fallen heraus, denn die dafür vorgesehenen Fächer sind jetzt nach unten offen.

Normierte, unveränderbare Drehbewegungen

Es gibt aber verschiedene normierte Bewegungsabläufe, die, auch wenn sie dem Linkshänder „gegen den Strich gehen", festgelegt und nicht zu variieren sind, weil ihre Änderung zu so großen Umstellungen und Irritationen in unserem Leben führen würde, dass sie sich als nicht praktikabel zeigt und sogar eine nicht zu unterschätzende Unfallgefährdung in sich bergen würde.

Gemeint sind Drehrichtungen bei Schrauben und Drehverschlüssen, die einmal so festgelegt wurden und inzwischen aus technischer Tradition durch Normen bindend sind.

Dazu ist wichtig, sich klar zu machen, dass die Hand (des hypothetischen rechtshändigen Benutzers) mehr Kraft bei einer Drehbewegung nach außen hat. Mit der rechten Hand nach außen werden die Schraube und die Glühbirne eingedreht, der Wasserhahn, Schraubverschlüsse auf Flaschen und Dosen und Heizungshähne zugedreht sowie der Drehschalter oder -knopf stärker bzw. lauter gestellt. Die Normierung des Zudrehens ist also auf die Drehbewegung der rechten Hand nach außen erfolgt.

Auch die Festlegung der Drehrichtung des Uhrzeigers hat einen Sinn, nämlich den, dass wir uns mit einem Blick daran orientieren und damit verständigen können. Umgekehrt laufende Uhren verunsichern immens und setzen den Ankerpunkt, den sich die Menschen hier künstlich gegeben haben, außer Kraft.

Das Aufschrauben ist folglich für die linke Hand nach außen angelegt und wird nicht nur von Linkshändern, sondern auch von manchem Rechtshänder mit der linken Hand durchgeführt.

Die Heimtücken des Wasserhahns

Der Wasserhahn ist für den Linkshänder oft ein besonders heimtückisches Ding: Er wird, wie eben Schrauben und Drehverschlüsse, nach rechts, im Uhrzeigersinn, zugedreht. Der heiße Wasserhahn ist aber links angebracht, wohl weil der Rechtshänder dann nicht so leicht Gefahr läuft, sich zu verbrühen. Aber der Linkshänder greift intuitiv voll in den linken heißen Hahn, dreht kräftig nach außen und dreht ihn so voll auf.

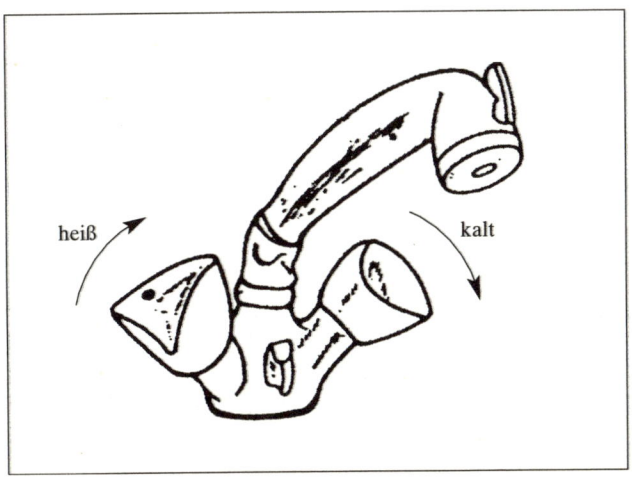

Kaltwasser- und Heißwasserhahn mit der Drehrichtung beim Schließen im Uhrzeigersinn, sowohl für die rechte als auch für die linke Hand.

Hinterhältig sind auch die mit einem separaten kleinen Boiler versehenen, oft in historischen Gebäuden zu findenden Wascheinrichtungen, wo rechts die Stärke des Wasserstroms eingestellt wird, links die Temperatur. Der ausgeprägte, unbelehrbare Linkshänder dreht erst einmal tüchtig links – denn oft reicht das erste, langsam wärmer werdende Wasser des heißen Hahns zum Händewaschen – voll nach außen: er stellt also auf heiß, aber kein Wasser kommt, also dreht er mit Schwung am rechten Hahn und verbrennt sich die Finger, denn jetzt kommt es doppelt heiß.

Eine gute Erfindung sind die Wasserhähne, die aus nur einem Hebel bestehen, den man nach rechts kalt und nach links warm verstellen kann und durch Anheben die Stärke des Wasserflusses reguliert.

Fazit: Es gibt normierte Drehbewegungen, die nicht abzuändern sind und die auch von Linkshändern so akzeptiert werden müssen.

6.2 Schneiden mit links

6.2.1 Linkshänderscheren

Die Schere ist wohl das von Linkshändern im allgemeinen am meisten verwendete Werkzeug.

Bei Linkshänderscheren ist zwingend die Anordnung der Schneideblätter anders gestaltet als bei Scheren für Rechtshänder. Insbesondere bei Scheren für Erwachsene sind oft auch die Grifflöcher anders geformt.

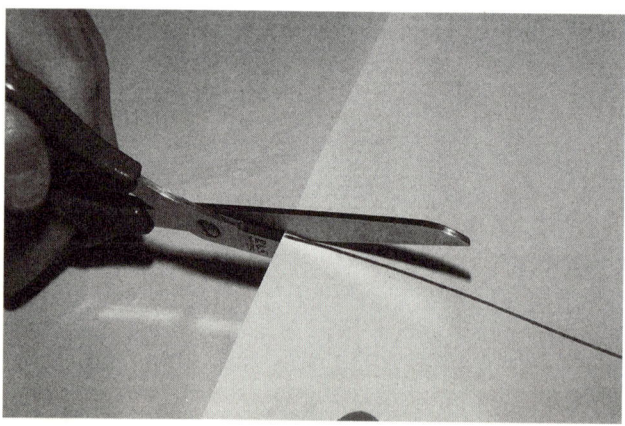

Linkshänderschere in der linken Hand: Die Schnittlinie liegt vor dem oberen Schneideblatt.

Scheren, die ergonomisch gleich gut für die linke und rechte Hand angelegt sind, gibt es nicht, auch wenn dies gerade von manchen Kinderscheren behauptet wird – in der Regel handelt es sich dann immer um Rechtshänderscheren, die vielleicht etwas anders angeschliffen sind, aber mehr ist da nicht dran.

Das obere Schneideblatt ist bei der Linkshänderschere links, also außen, bei der Rechtshänderschere rechts, ebenfalls außen bei richtigem Gebrauch. Dadurch wird gewährleistet, dass man jeweils von der Innenseite auf die Schnittlinie schaut und diese genau verfolgen kann.

Rechtshänderschere in der linken Hand: Die Schnittlinie liegt hinter dem oberen Schneideblatt, die linke Hand ist etwas nach innen gedreht, die Schere wird über die Körpermitte nach rechts gehalten, damit die Schnittlinie links außen sichtbar wird.

Nimmt man die Schere jedoch in die jeweils andere, die „falsche" Hand, so liegt die Schnittlinie hinter dem oberen Schneideblatt, und die Hand muss entweder nach innen verdreht oder so weit über die Körpermittellinie vor der anderen Körperhälfte gehalten werden, damit überhaupt die Schnittlinie sichtbar wird. Erfahrungsgemäß sind beide Haltungen nicht sehr bequem.

Hinzu kommt, dass das an der Seite des Handrückens abgeschnittene Papier bei dieser – nicht beabsichtigten – Benutzungsart über die schneidende Hand nach oben geschoben wird, stört und nicht locker nach unten fällt.

Bei dem vorgesehenen Gebrauch der Links- und Rechtshänderscheren hängt an der Seite des Handrückens das Papier nach unten und stört nicht, und die andere Seite kann bequem von der freien Hand gehalten werden.

Scherengriffe sind oft so geformt, dass der Daumen bequem durch das obere Loch und ein oder mehrere Finger durch das untere Loch geschoben werden können. Bei umgekehrtem Gebrauch dieser Scheren übt die unpassende Form Druck aus, bei längerem Schneiden kann es zu Schmerzen der Finger und der ganzen

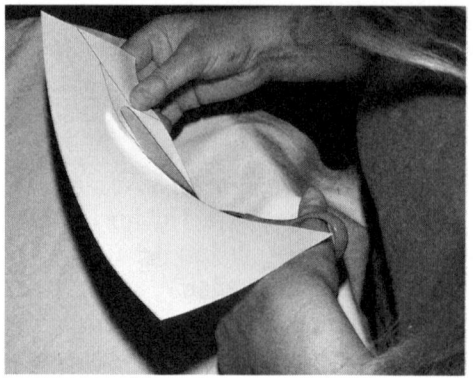
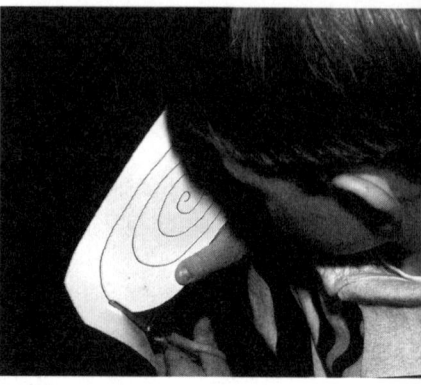

*Rechtshänderschere in der linken Hand:
Die Schnittlinie liegt hinter dem oberen
Schneideblatt, die linke Hand ist nach innen
abgewinkelt, und das abgeschnittene Blatt
rutscht nach oben über die schneidende Hand.*

*Bei dem richtigen, vom Konstruk-
teur beabsichtigten Gebrauch der
Linkshänderscheren hängt an der
Seite des Handrückens das Papier
nach unten und stört nicht. Die
andere Seite kann bequem von
der freien Hand gehalten werden.*

Hand führen. Es bilden sich Druckstellen, manchmal sogar Blasen und
Schwielen, insbesondere wenn härtere Materialien wie Stoff oder Pappe
geschnitten werden.
Weiter ist vornehmlich bei Bögen darauf zu achten, dass von der richtigen
Seite zu schneiden begonnen wird, damit an der Linie entlang bequem
geschnitten werden kann und die schneidende Hand sich sozusagen der
Bogenform anpasst und sich nicht nach hinten abknicken muss, um an der
Krümmung der Linie schneiden zu können.

*Das Gleiche – nur
spiegelverkehrt –
gilt für den
Gebrauch der
Rechtshänder-
schere in der
rechten Hand.*

Besonders bei kleinen Kindern, die gerade den Umgang mit der Schere erlernen, ist zu beachten, dass die zu schneidenden Bögen auf der Vorlage jeweils entsprechend ihrer Händigkeit geformt sind.

> **Tipp:** Um jeweils eine Vorlage zum Ausschneiden für Rechts- und Linkshänder herzustellen, wird die Originalzeichnung auf eine durchsichtige Folie kopiert, umgedreht und nochmal kopiert. So entsteht ein spiegelbildliches Muster und man muss nicht zwei getrennte Vorlagen herstellen.

Beim Ausschneiden runder Formen bleibt in der Regel „dabei die Schneidehand ruhig, während die haltende Hand das Papier in die jeweilige Richtung führt"[1]. Des Weiteren soll z. B. beim Ausschneiden einer Spirale die rechte – das Papier haltende – Hand immer wieder nachgreifen um nicht zu weit weg von der Schnittstelle das Papier zu halten und somit den Einfluss auf die Schnittstelle zu verlieren.

Zeichnungen aus: Das linkshändige Kind in der Grundschule.[2]

Sehr wichtig ist auch folgender Hinweis: „Beim Schneiden nicht bis zur Scheren-Spitze durchschneiden, sondern immer kurz vor dem Schnittende nachsetzen"[3].
Um Kindern das Schneidenlernen zu erleichtern, lässt man sie so genannte „Immer-kleiner" schneiden. Das sind Spiralen, die aus jedem Papier geschnitten, an Haken, Schränken, Lampen u. ä. Stellen im Zimmer angehängt werden können und die manche Kinder auch mit Begeisterung ausmalen.

---

1 Bareis, Alfred, Mit Kindern werken und gestalten. Auer Verlag, Donauwörth, 1995, S. 219.
2 Sattler, S. 54. Siehe Übungsblatt S. 130 und Sattler, Das linkshändige Kind – seine Begabungen und seine Schwierigkeiten, S. 43.
3 Bareis, S. 219.

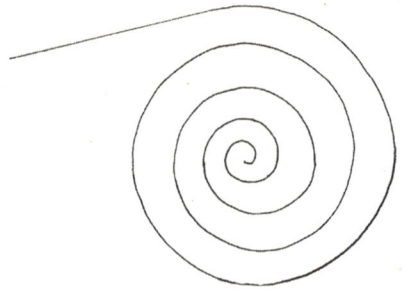 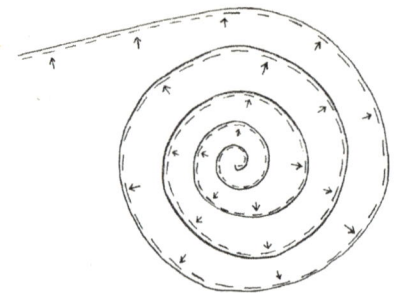

Zeichnung eines „Immer-kleiners".   *Zeichnung eines „Immer-kleiners"*
mit Pfeilen und Innenmarkierung.

Wichtig ist, dass das Kind von innen auf die Schnittlinie schaut und nicht von hinten, denn nur so sieht es die Linie genau, ansonsten schneidet es trotz aller Bemühungen, begleitet von steigendem Frust, neben der Linie. Bei Kinderscheren ist das zwar relativ wenig, weil das Schneideblatt der Schere noch sehr schmal ist, bei Scheren für Erwachsene kann es sich aber schon um zwei bis drei Millimeter handeln.

Um dem Kind die Anfangsversuche zu erleichtern, malt man in die Spirale innen eine farbige, unterbrochene Linie ein, die vielleicht noch mit Pfeilen betont werden kann, die deutlich anzeigen, auf welche Seite des oberen Scherenblattes das linkshändige Kind schauen soll.

Ausgeschnittene Schlangen (Übungsblatt Seite 135) „Immer-kleiner" können, wenn ihre Spiralenmitte locker auf die Spitze einer Nadel gelegt wird,

Ausgeschnittene „Schlangen" auf der Spitze einer Stricknadel.

sich durch den Luftstrom bewegen. Dazu eignet sich am besten die Nadel in ein Stück Kork oder in Plasteline zu befestigen und in der Nähe einer Heizung aufzustellen, sodass sich die Spirale dann um die Nadel frei drehen kann.

Hinweis: Es gibt die verschiedensten Scheren für Linkshänder von Kinderscheren über Papierscheren, Küchenscheren, Nagelscheren, Schneiderscheren, Frisörscheren, Gartenscheren, Blechscheren u.a. Bezugsquellen finden sich im Anhang unter den Adressenlisten, „Läden und Versand für Linkshänder-Gebrauchsgegenstände".

6.2.2 Linkshändermesser

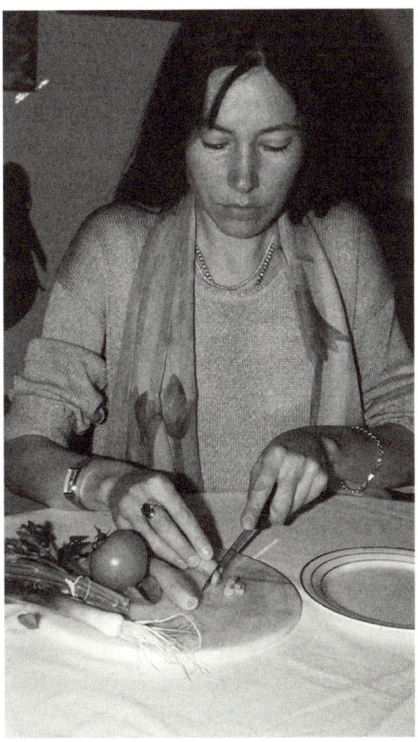

Küchenmesser mit linksseitigem Schliff für Linkshandgebrauch.

Messer haben oft einen einseitigen Schliff auf der rechten Seite. „Der Linkshänder drückt beim Schneiden mit einem Messer mit ,Rechtsschliff' das Messer aus dem Schneidgut heraus. Eine vom Linkshänder geschnittene Scheibe Brot z.B. ist anschließend oben dick und unten dünn. Ein Messer mit Linksschliff ermöglicht dem Linkshänder exaktes Schneiden"[1]. Gerade bei sehr scharfen Küchenmessern ist es geraten, beim Schneiden mit der linken Hand auch ein derartiges spezielles Messer zu benutzen, um unötige Verletzungen durch Abrutschen zu vermeiden.
Taschenmesser, konstruiert für den Gebrauch mit der linken Hand, sind nicht nur wegen des linksseitigen Anschliffs für Links-

---

1 Aus: Katalog LAV – Linkshand-Artikel-Vertrieb, Schwanewede, 1985, S. 17.

händer sehr zu empfehlen, sondern besonders auch wegen der Eingriffs-
kerbe an den Klingen, wo der Fingernagel Halt findet um das Messer aus
dem Griff herauszuklappen und die Spannung der Feder zu überwinden.

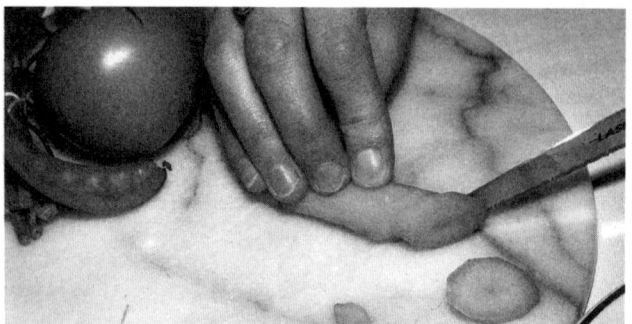

*Detail des
Küchenmessers
mit linksseitigem
Schliff für Links-
handgebrauch.*

6.3 Spitzen mit links

Das Spitzen von Blei- und Buntstiften
gehört zu den Tätigkeiten, bei denen die
Hand bei der Drehbewegung nach außen
mehr Kraft entwickelt. Spitzer werden
daher so benutzt, dass der Stift in der
rechten Hand nach außen gedreht wird.
Manche Linkshänder passen sich an und
spitzen wie Rechtshänder. Andere halten
Spitzer und Stift wie Rechtshänder, drehen aber den Spitzer in der linken Hand
nach innen. Wohl am häufigsten ist die

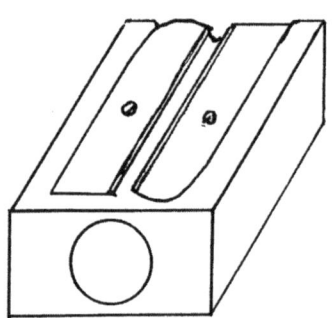

*Zeichnung eines Links-Rechts-
händer-Spitzers.*

Bewegungsabfolge zu finden, bei der sie den Spitzer in die rechte Hand
nehmen und den Stift links nach innen drehen. Oft brechen Kinder anfangs
die Spitze ab, weil diese Bewegung nicht so flüssig von der noch ungeübten
kleinen Hand vollzogen wird, oder sie spitzen wenig und ungern ihre Stifte.
Um hier die ergonomisch angemessene Bewegung nach außen zu ermöglichen, wurden Spitzer für Linkshänder entwickelt. Dabei hält die rechte
Hand den Spitzer und die linke Hand dreht den Stift nach außen.
Leider sind aber diese Spitzer selten mit Auffangdosen für die Holzreste
versehen, sodass das linkshändige Kind besonders aufmerksam sein muss,
um diese nicht zu verstreuen.

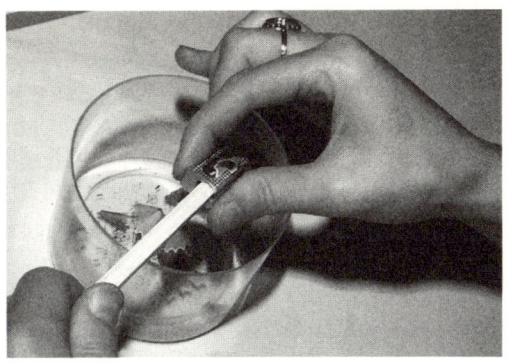

Der Linkshänder spitzt, indem er die linke Hand nach außen dreht.

Links- und Rechtshänderspitzer nebeneinander (v. l.).

Ausblick: Technisch müsste die Entwicklung eines Spitzers, der sowohl von Links- als auch von Rechtshändern gleichermaßen benutzt werden kann, möglich sein. Dazu müssten zwei gegenüberliegende Messer separat angebracht werden, die es ermöglichen, dass bei jeder Drehbewegung des Stiftes Holz abgehobelt wird.

6.4 Das Linkshänderlineal

Die Nummerierung des Linkshänderlineals zählt von rechts nach links, da so mit der linken Hand der Strich gezogen werden kann. In der anderen Richtung müsste sonst der Stift geschoben werden, was unbequem ist und wobei die Gefahr besteht, dass die Spitze abbricht.

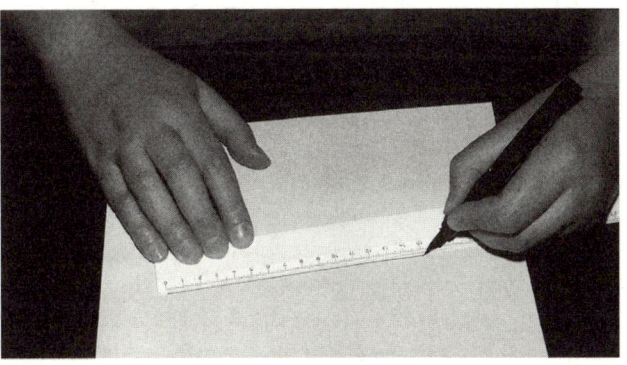

Linkshänderlineal – gezogen wird von rechts nach links.

Kritiker des Linkshänderlineals führen an, dass gerade linkshändige Kinder zu Schulbeginn sich an die Schreib- und Leserichtung von links nach rechts gewöhnen sollen. Des weiteren, so wird argumentiert, neigen viele linkshändige Kinder zunächst dazu, Spiegelschrift zu schreiben und am rechten Rand zu beginnen, und das, so wird befürchtet, könnte durch ein Linkshänderlineal noch verstärkt werden.

Ganz unberechtigt sind diese Einwände sicher nicht und bei linkshändigen Kindern mit einer stärkeren Neigung zu dieser so genannten Raum-Lage-Labilität sind sie angebracht.

Auf der anderen Seite muss aber auch gefragt werden, wie häufig Kinder in der ersten Klasse bereits mit dem Lineal abmessen oder ob sie es vornehmlich zum Unterstreichen benutzen, wobei die Zahlenanordnung nicht von Bedeutung ist. Dabei ziehen sie intuitiv sowieso den Stift von rechts nach links am Lineal entlang.

Manche Linkshänder, die zwar immer ein Rechtshänderlineal benutzt haben, ziehen ihr ganzes Leben lang trotzdem von rechts nach links und rechnen eben von hinten, wenn sie einen Strich von einer bestimmten Länge bzw. von einem bestimmten Punkt aus ziehen möchten. Zum Beispiel setzen sie rechts auf 20 an, zählen vier Zentimeter ab und stoppen bei 16.

Möglicherweise bekommen diese Fragen erst im Geometrieunterricht entscheidende Bedeutung, sind aber bisher dort kaum bis gar nicht untersucht worden.

6.5 Andere Tätigkeiten

6.5.1 Allgemeines

Um sich dem Ideal der Vollständigkeit doch etwas zu nähern, soll hier auf verschiedene asymmetrische Tätigkeiten hingewiesen werden, die zur Wahrung der Chancengleichheit für Linkshänder und Verhinderung von unnötigen Unfällen wegen Nichtbeachtung wichtiger seitenunterschiedlicher Bewegungsabläufe bei Linkshändern von Bedeutung sein können. Da aber jeder dieser Bereiche eigentlich eine eigene tief gehende Beschäftigung mit der jeweiligen Problematik notwendig machen würde, die den Sinn und Umfang dieser Veröffentlichung weit sprengen würde, soll vornehmlich auf bestimmte Aspekte eingegangen werden.

Es muss auch darauf hingewiesen werden, dass diese Gebiete bei weitem noch nicht entsprechend in der Praxis berücksichtigt wurden, dass zu wenig

Erfahrungen mit den linkshandgerechten Bewegungsabläufen vorhanden sind und somit zu wenige Beobachtungen und Studien erstellt wurden. Es ist Aufgabe der einzelnen Berufsbereiche, hier weiterzuforschen, einzelne Abläufe genau zu untersuchen und Hilfestellungen für Linkshänder auszuarbeiten.

6.5.2 Hinweise zum Handarbeiten, Werken, Sport und zur Musik aus dem Gesichtspunkt der Linkshändigkeit

Im Handarbeitsunterricht sind vornehmlich Häkeln, Sticken und Stricken für Linkshänder seitenverkehrt zur Art des Rechtshänders durchzuführen. Es gibt wenig diesbezügliche Literatur, die meisten Bücher sind vergriffen[1].

Allgemeine Hinweise zum *Werken* finden sich in dem Buch „Das linkshändige Kind in der Grundschule". Dort wird auch auf Kordeldrehen, Schleifenbinden und Sägen mit der Gehrungsschneidlade und der Laubsäge und insbesondere auf linkshandgerechte Arbeitsplätze an der Werkbank hingewiesen.

Auch zu *Sport* und Linkshändigkeit finden sich Hinweise in dem letztgenannten Buch[2].

Ebenso wie für die oben genannten Gebiete wird in der *Musikwissenschaft* kaum etwas zur Linkshändigkeit publiziert, und deswegen muss wieder auf das Kapitel in dem Buch „Das linkshändige Kind in der Grundschule" hingewiesen werden. Es gibt zwar Flöten für Linkshänder, Gitarren und Streichinstrumente können umgestellt werden, aber es fehlt an ausreichenden Erfahrungen und an guten Publikationen darüber.

---

1 Übersichtliche Ausführungen zum Stricken: Szócska, Sarah, Stricken leicht gemacht für Linkshänder. 1998. Vertrieb: sinErgo, Wasserburger Landstr. 167a, 81827 München. Hinweise zum Stricken, Sticken und Häkeln: Sattler, Das linkshändige Kind in der Grundschule, S. 99–109.
  Wagner, Kira (Hrsg.), Stricken, Häkeln, Sticken. Schritt für Schritt für Rechts- und Linkshänder. Weltbild Verlag, Augsburg, 1995 (vergriffen).
2 Weitere Literatur: Overbeck, Heinz, Seitigkeitsphänomene und Seitigkeitstypologie im Sport. Schriftenreihe des Bundesinstituts für Sportwissenschaft, Band 68. Verlag Karl Hofmann, Schorndorf, 1989.

KAPITEL 7:
Weitere nützliche Gebrauchs-
gegenstände für Linkshänder

Allgemeines

Sinn dieser Veröffentlichung ist es, Linkshändern Hilfestellungen zu geben, mit verschiedenen so genannten Kulturtechniken besser zurechtzukommen, die durch Anordnung, Werkzeuggestaltung oder Richtungsfestlegungen, wie vor allem in der Schrift dokumentiert, für Linkshänder einen anderen Handlungsablauf notwendig machen. Dazu ist es oft notwendig auch andere Gebrauchsgegenstände zu benutzen oder notfalls ihre Entwicklung zu initiieren oder bestimmte Anwendungsvorkehrungen zu treffen.

In diese Richtung sollen hier auch Gedankengänge angeregt werden, damit besonders Linkshänder selbst, Eltern linkshändiger Kinder, Erzieher und Lehrer Lösungen suchen um Abhilfe zu schaffen und Problemverständnis zu erzielen.

Es ist aber nicht beabsichtigt, eine möglichst umfassende Darstellung zu präsentieren, dazu ist das Gebiet zu groß und zu viele Fragen sind noch nicht ausreichend untersucht. Es existiert zu wenig wissenschaftliche Grundlagenforschung gerade im Bereich der Ergonomie, die man für die Praxis des Linkshänders umsetzen kann.

Einige nützliche Gebrauchsgegenstände sollen hier aber doch noch genannt werden. Weiter wird auf die Auflistung der Gebrauchsgegenstände für Linkshänder in Teil C hingewiesen, die nach folgenden Gesichtspunkten vorgenommen wurde (jede Rubrik dort ist alphabetisch geordnet):

– Wichtige Gebrauchsgegenstände für Linkshänder,
– Wichtige Gebrauchsgegenstände, die in bestimmten Situationen für Linkshänder notwendig sind,
– Gebrauchsgegenstände, die sowohl für links- als auch für rechtshändigen Gebrauch hergestellt werden oder hergestellt werden könnten,
– Unnötige Gebrauchsgegenstände für Linkshänder.

Bezugsquellen finden sich in der Adressenliste im Anhang.

Stuhl mit Collegplatte

Im Musikunterricht in den Schulen, in Ausbildungsräumen der Universitäten und Fortbildungseinrichtungen findet man manchmal Stühle, die mit einer klappbaren, seitlich befestigten Platte versehen sind, auf der man schreiben kann. Meist sind diese Platten rechts befestigt und kommen so praktisch nur dem rechtshändigen Schreiben und Malen entgegen.

Linkshänder hingegen müssen den Arm in der Luft halten oder sich derartig verkrampft setzen, um schreiben zu können, dass sie sehr schnell erschöpft sind.

Diese Stühle mit so genannter Collegplatte gibt es aber auch für Linkshänder, wobei die Platte dann an der linken Seite angebracht ist, sodass man bequem darauf links schreiben kann.

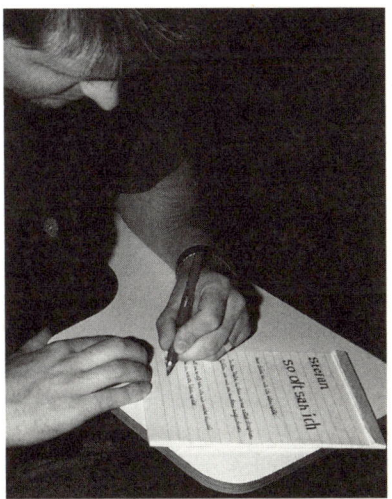

Bequem auch für den Linkshänder: Stuhl mit linksseitig angebrachter Collegplatte.

Detail der Collegplatte beim linkshändigen Schreiben: Der linke Arm liegt richtig auf.

Haushaltsgegenstände für Linkshänder

Besonders wichtig im Haushalt sind folgende, noch nicht genannten Linkshandgebrauchsgegenstände: Kartoffelschäler, Spar- und Spargelschäler, Dosenöffner und Korkenzieher.

Kartoffelschäler ermöglichen dem Linkshänder, die Kartoffel, den Apfel u. ä. zu sich hin und nicht von sich weg zu schälen, wobei der Daumen den Gegenstand hält und die Hand abstützt. Zwangsläufig muss nämlich mit einem für Rechtshänder ausgelegten Schäler die linke Hand vom Körper weg schälen, was nicht nur komisch aussieht, sondern auch äußerst unpraktisch ist. Das Gleiche gilt auch für Sparschäler.

Es gibt aber auch Schäler, die durch zwei Schnittkanten sowohl für links- als auch für rechtshändigen Gebrauch angelegt sind.

Der *Dosenöffner* erlaubt dem Linkshänder, die Drehrichtung nach außen anzuwenden, und ist gerade für Kinder, die noch nicht so viel Kraft haben, weit leichter zu bedienen.

Dosenöffner, die mit der rechten Hand in Hebelbewegung hin und her geführt werden, rufen eine Unsicherheit hervor, die dazu führt, dass der Linkshänder rechts abrutschen kann und sich leicht oben an dem bereits unregelmäßig aufgeschnittenen Blechdeckel der Dose verletzt.

Auch unter Dosenöffnern gibt es welche, die für rechts- und linkshändigen Gebrauch gleichermaßen benutzbar, allerdings für Kinder oft nicht leicht zu bedienen sind.

Beim *Korkenzieher* findet sich die typische Drehbewegung wieder, die beim rechtshändigen Gebrauch, wie schon mehrmals betont, nach außen, im Uhrzeigersinn verläuft.

Der Korkenzieher für Linkshänder dreht umgekehrt, also gegen den Uhrzeigersinn, für die linke Hand nach außen.

Wenn man Linkshänder beobachtet, wie sie eine Flasche entkorken, kann man die verschiedensten Methoden ausfindig machen:
– Manche drehen den Korkenzieher mit der linken Hand nach innen.
– Andere halten den Korkenzieher in der linken Hand, drücken nach unten und drehen die Flasche mit der rechten Hand,
– und wieder andere halten den Korkenzieher rechts und drehen ihn nach außen, dann wechseln sie den Korkenzieher in die kräftigere linke Hand und ziehen den Korken heraus.

Es gibt im Haushalt noch eine ganze Reihe anderer, mehr oder weniger nützlicher Gebrauchsgegenstände, wobei immer darauf zu achten ist, ob tatsächlich eine asymmetrische Gestaltung notwendig ist. So ist z. B. kaum einzusehen, warum ein normaler *Krug* den Ausguß oder den Henkel an der Seite haben muss, sodass der Benutzer zum Gebrauch nur einer bestimmten Hand gezwungen ist. Der Ausguss gehört nach vorn und der Henkel auf die gegenüberliegende Seite.

Ähnliches gilt für *Soßenlöffel*, die mit nur einem Ausguss entweder den Linkshänder oder den Rechtshänder sehr benachteiligen. Eine schwache Ausbuchtung an beiden Seiten ermöglicht es dagegen, mit jeder Hand problemlos die Soße auszugießen.

Etwas anderes ist das mit der schwereren *Suppenkelle*, die, gefüllt mit Suppe, weit mehr Gewicht hat und in der Hand zum Balancieren zwingt. Hier kann, wenn meist die gleiche Person die Suppe ausschenkt, ein Ausguss auf der entsprechenden Seite die Arbeit auch während des Kochens sehr erleichtern.

Tassen für Linkshänder sind eigentlich unsinnig. Warum aber spart die Industrie an der Dekoration, die oft einseitig so angebracht wird, dass man sie nur dann sieht, wenn man die Tasse in der rechten Hand hält. Für Kinder kann das Bild auf der Tasse allerdings sehr interessant und wichtig sein, und sie wollen das Bild auch sehen, bevor sie trinken. Also nimmt das linkshändige Kind eine solche Tasse in die unsicherere rechte Hand oder sogar doch links und verdreht dabei die Tasse, um das Bild zu sehen, sodass es das Getränk verschüttet und die Eltern wegen der angeblichen Ungeschicklichkeit schimpfen.

Sinnvoll und einfach wäre es, immer die Tasse „rundherum" jeweils mit dem gleichen Motiv zu dekorieren.

Ein *Bügeleisen* sollte so gekauft werden, dass das Kabel hinten austritt und nicht an der Seite, dann ist es problemlos von Links- und Rechtshändern zu gebrauchen.

Manche *Kräuter*- oder *Gemüsemühlen* sind derartig eingerichtet, dass die Walze mit der Drehkurbel an der rechten oder linken Seite eingelegt werden kann. Leider wird aber meist vergessen, dass nicht nur der Rechtshänder bei der Drehbewegung nach außen mehr Kraft hat und der Linkshänder notgedrungen wieder nach innen drehen muss.

Technisch müsste das Problem so lösbar sein, dass auf der Walze eine Reihe der Reibeflächen in Richtung des Uhrzeigersinns angebracht wird und eine Reihe in der anderen Richtung, also gegen den Uhrzeigersinn, die dann zur Wirkung kommt, wenn der Linkshänder an der Kurbel dreht.

So gibt es die verschiedensten Gebrauchsgegenstände, die mit etwas Fantasie und gutem Willen für links- und rechtshändigen Gebrauch eingerichtet werden könnten. Es liegt bei den Linkshändern selbst, diese anzufordern und immer wieder nachzufragen, sodass bei den Produzenten auch an diese, die mit ihrem prozentualen Anteil ein nicht zu vernachlässigendes Käuferpotential darstellen, gedacht wird und man darüber nachzudenken und zu kalkulieren beginnt.

Teil C: Grundregeln für Linkshänder

- Linkshändigkeit ist keine schlechte Angewohnheit, sondern Ausdruck der motorischen Dominanz der rechten Gehirnhemisphäre – Händigkeit ist Hirnigkeit.
- Linkshändige Kinder sollen in ihrer Händigkeit gefördert werden. Jegliche Umschulungsversuche sollen unterbleiben.
- Umschulung der Händigkeit bedeutet einen unblutigen, z. T. massiven Eingriff in das menschliche Gehirn.
- Rückschulungsversuche bei umgeschulten Linkshändern auf die eigentlich dominante Hand sind aber ein Experiment mit dem eigenen Gehirn und mit Chancen, aber auch mit Gefahren für den Betroffenen verbunden.[1]
- Das linkshändige Kind darf beim Begrüßen und Verabschieden durch Handgeben nicht wegen seiner Händigkeit irritiert oder ausgegrenzt werden.
- Gebrauchsgegenstände für Linkshänder müssen für das Kind von Anfang an zur Verfügung stehen (siehe Liste).
- Hilfestellungen zum Erlernen der Schreibhaltung beim linkshändigen Kind sind äußerst wichtig.
- Der Sitzplatz in der Schule, am Arbeitsplatz und bei Tisch ist so für den Linkshänder zu gestalten, dass er links außen oder neben einem anderen Linkshänder sitzt, damit man sich nicht mit den hantierenden Armen in die Quere kommt.
- Der Lichteinfall am Arbeitsplatz soll möglichst von rechts kommen.
- Es gibt bestimmte Bewegungsabläufe im täglichen Leben, die nicht geändert werden können, weil sie durch die funktionalen Eigenschaften normierter Geräte technisch-traditionell festgelegt sind. Dazu gehören normierte Drehrichtungen z. B. bei Schrauben, Glühbirnen, Flaschenschraubverschlüssen, Wasser- und Heizungshähnen.
  Auch die Fahrseite auf der Straße und der damit verbundene Sitz des Fahrers im Auto können nicht willkürlich abgeändert werden.

---

1 Wissenschaftliche und praktische Erkenntnisse zu den vorherigen vier Punkten siehe:
  – Staatsinstitut für Schulqualität und Bildungsforschung, Das linkshändige Kind in der Grundschule. Erarbeitet im Auftrag des Bayerischen Staatsministeriums für Unterricht, Kultus, Wissenschaft und Kunst. Vertrieb Auer Verlag, Donauwörth, 1993, 2006[13].
  – Sattler, Johanna Barbara, Der umgeschulte Linkshänder oder Der Knoten im Gehirn. Auer Verlag, Donauwörth, 1995, 2005[9].

Gebrauchsgegenstände für Linkshänder, gegliedert nach der praktischen Notwendigkeit

1. Wichtige Gebrauchsgegenstände für Linkshänder sind:

Brotmesser
Dosenöffner
Füller
Kartoffelschäler
Korkenzieher
Küchenmesser
Lineal (mit gewissen Einschränkungen)
Messband
Schere
Spargelschäler
Sparschäler
Spitzer
Suppenkelle (wenn diese vornehmlich nur von einem Familienmitglied benutzt wird)
Taschenmesser, Schweizer Messer

2. Gebrauchsgegenstände, die in bestimmten Situationen für Linkshänder notwendig sind:

Besteck (Messer linksseitig geschliffen)
Blockflöte (für Linkshänder)
Bogen (Schützenbogen)
Brotschneidemaschine
Bügelautomat
Bumerang
Computertastatur (Zahlenblock links)
Eisportionierer
Eishockeyschläger
Fischbesteck (Fischmesser auf der anderen Seite gekröpft)
Fotoapparat und Videokamera
Gärtnermesser (Hufmesser, Okuliermesser, Kopuliermesser)
Gartenschere
Geige
Gitarre
Golfschläger

Herrenunterhose (mit umgekehrtem Schlitz)
Hufmesser
Kalligrafiefeder
Linkshänderstuhl mit Collegeplatte
Nagelschere
Orangenschäler
Schieblehre (Präzisions-Taschenschieblehre – ugs. Schublehre)
Schublehre (s. a. Schieblehre)
Schustermesser
Segelhandschuh (Segelmacher-Handring)
Sense
Sichel
Tintenroller
Uhr, Armbanduhr (Verstellknopf auf der anderen Seite)
Zeichenmaschine (für technisches Zeichnen)
Zeichenschiene (für technisches Zeichnen)
Zollstock

3. *Gebrauchsgegenstände, die sowohl für links- als auch für rechtshändigen Gebrauch herstellbar sind:*

Bügeleisen
Dosenöffner, a. Kompaktdosenöffner
Gemüsemühle
Kräutermühle
Küchenhandschuh mit Schutzfläche gegen Verbrennung
Salz- und Pfeffermühle (bei denen nur ein Hebel zu drücken ist)
Soßenlöffel (soll an beiden Seiten so geformt sein, dass man ausgießen kann)
Spitzer (müsste noch entwickelt werden)
Tasse (Dekoration rundherum)

4. *Unnötige Gebrauchsgegenstände für Linkshänder sind:*

Adressbuch (von hinten)
Kalender (von hinten oder linksläufig)
Kanne und Krug (mit seitlichem Ausguss)
Kasserolle (mit nur einem seitlichen Ausguss)
Soßenlöffel (mit Ausguss rechts – sollte an beiden Seiten so geformt sein, dass man ausgießen kann)
Uhr, Wanduhr (die gegen den Uhrzeigersinn läuft)

Teil D: Kopiervorlagen von Nachspurübungen und zum Schneiden

Blatt 1

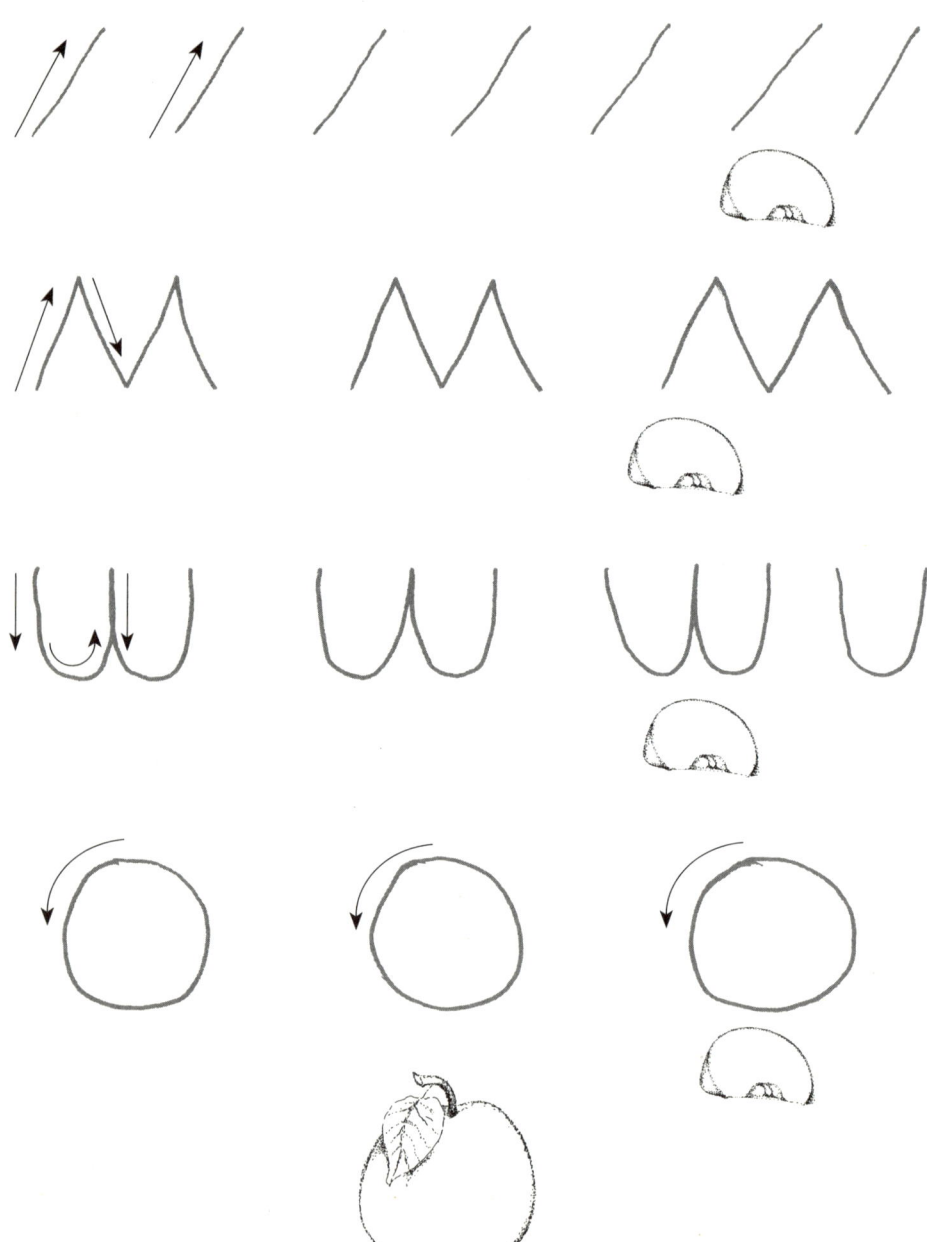

Blatt 2

Blatt 3

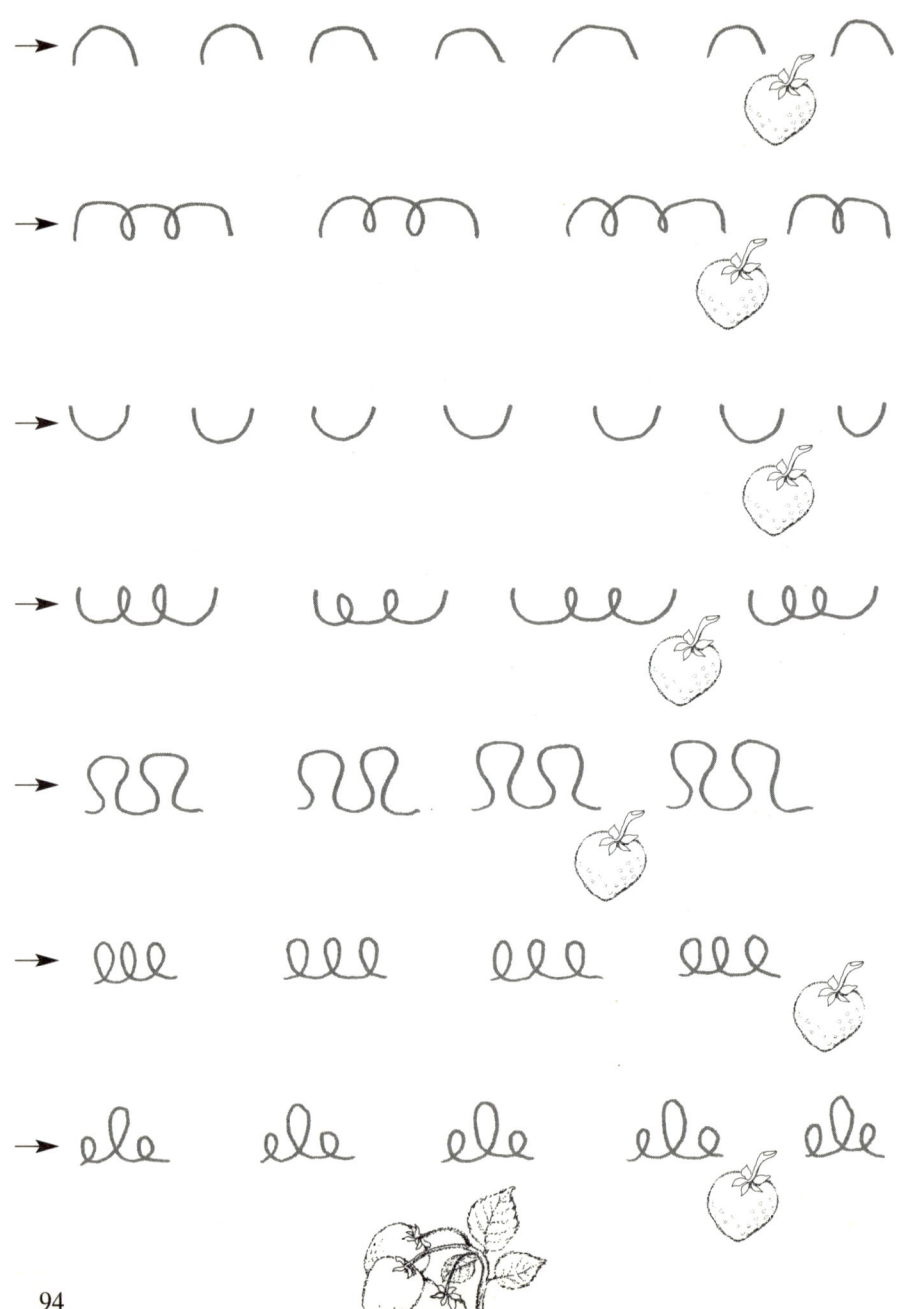

94

Blatt 4

Blatt 5

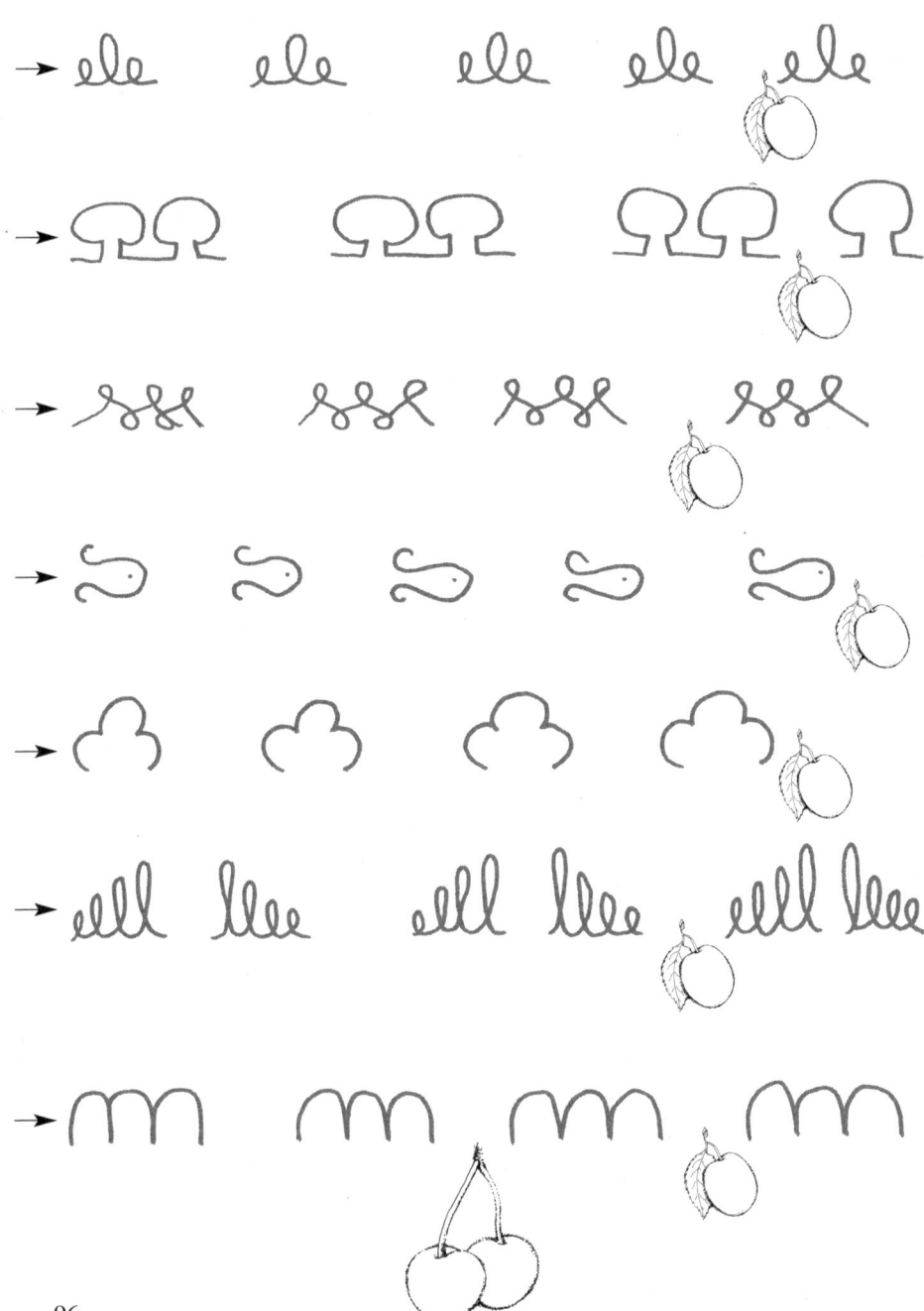

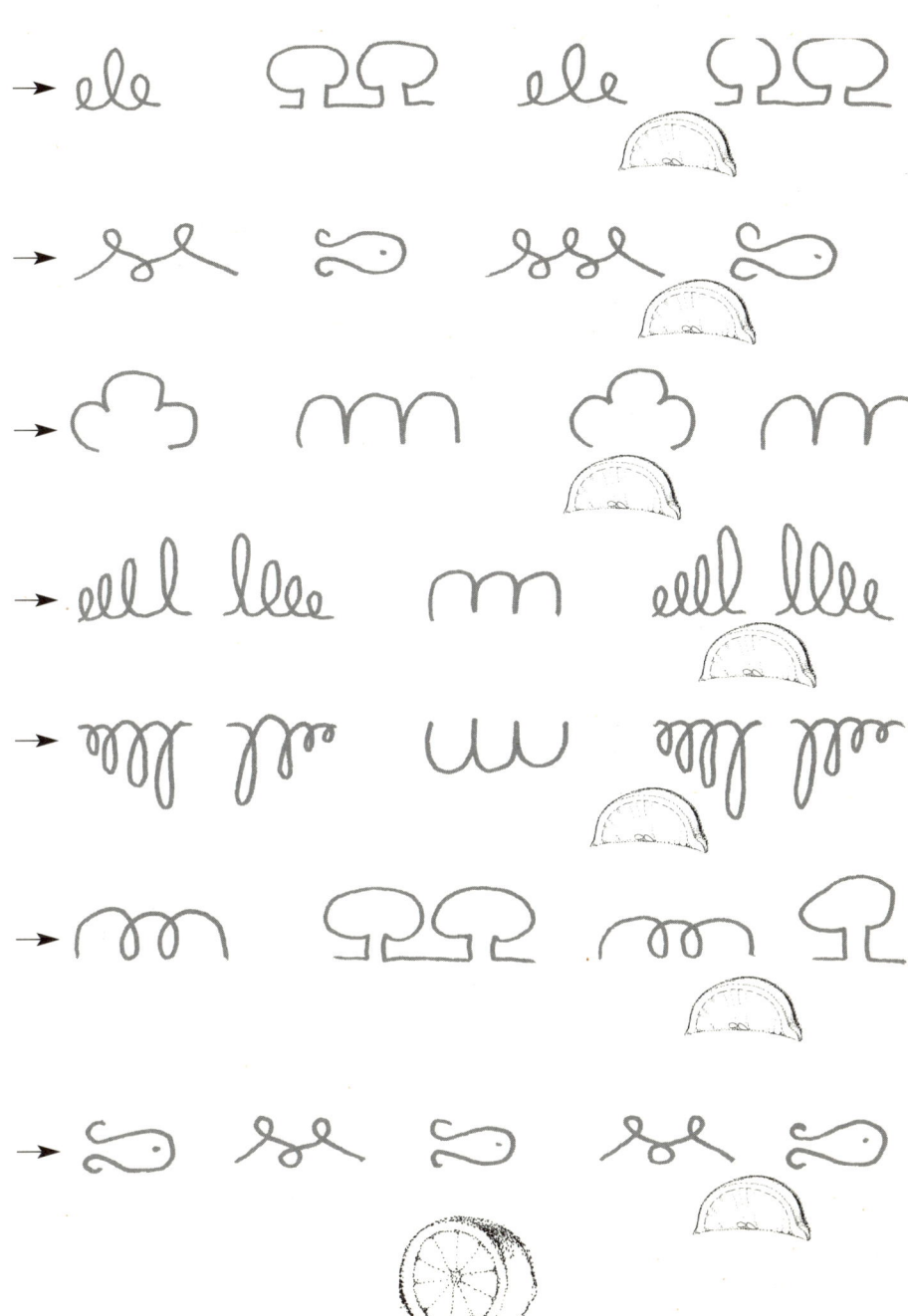

Blatt 7

Blatt 8

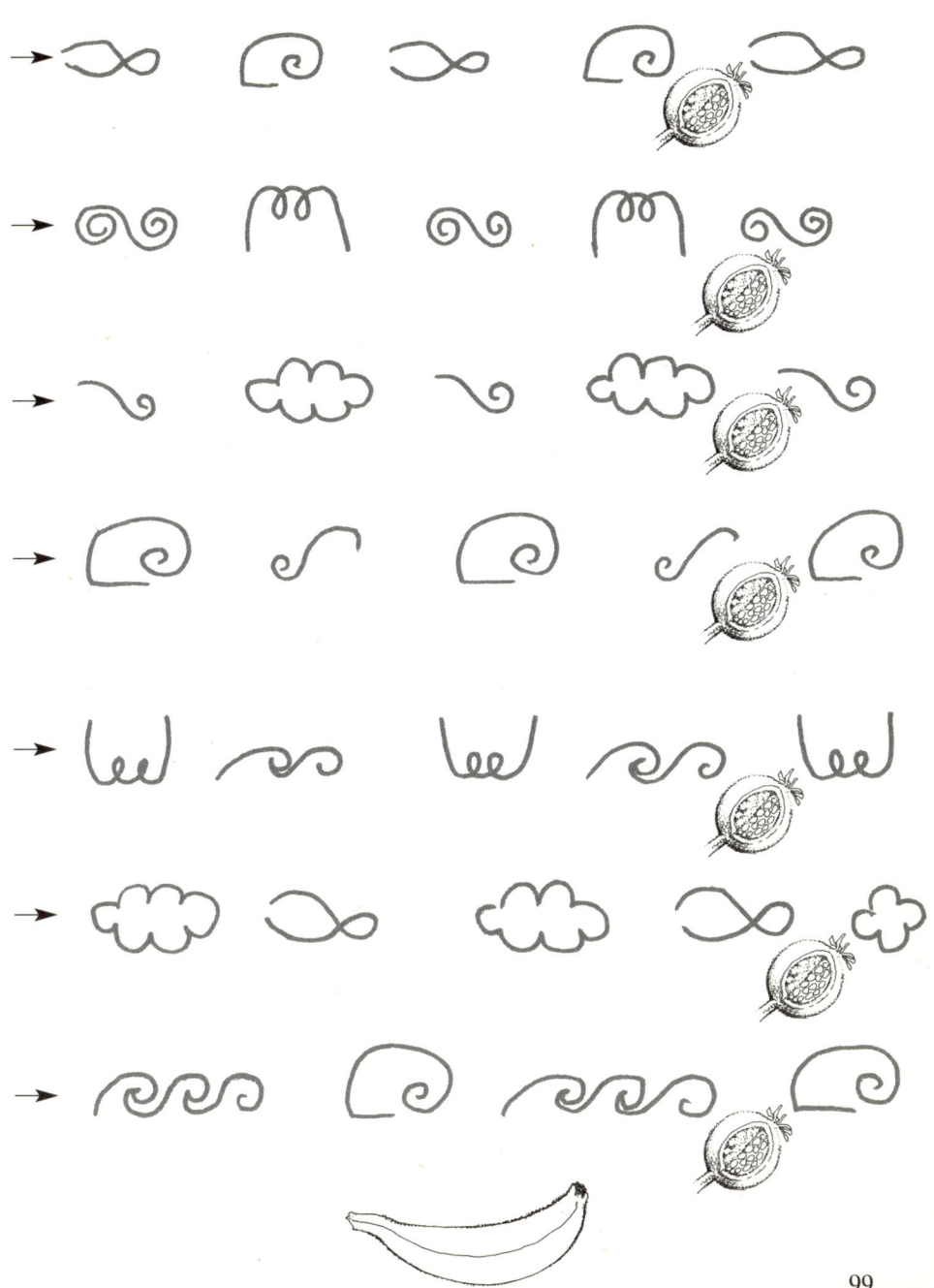

99

Blatt 9

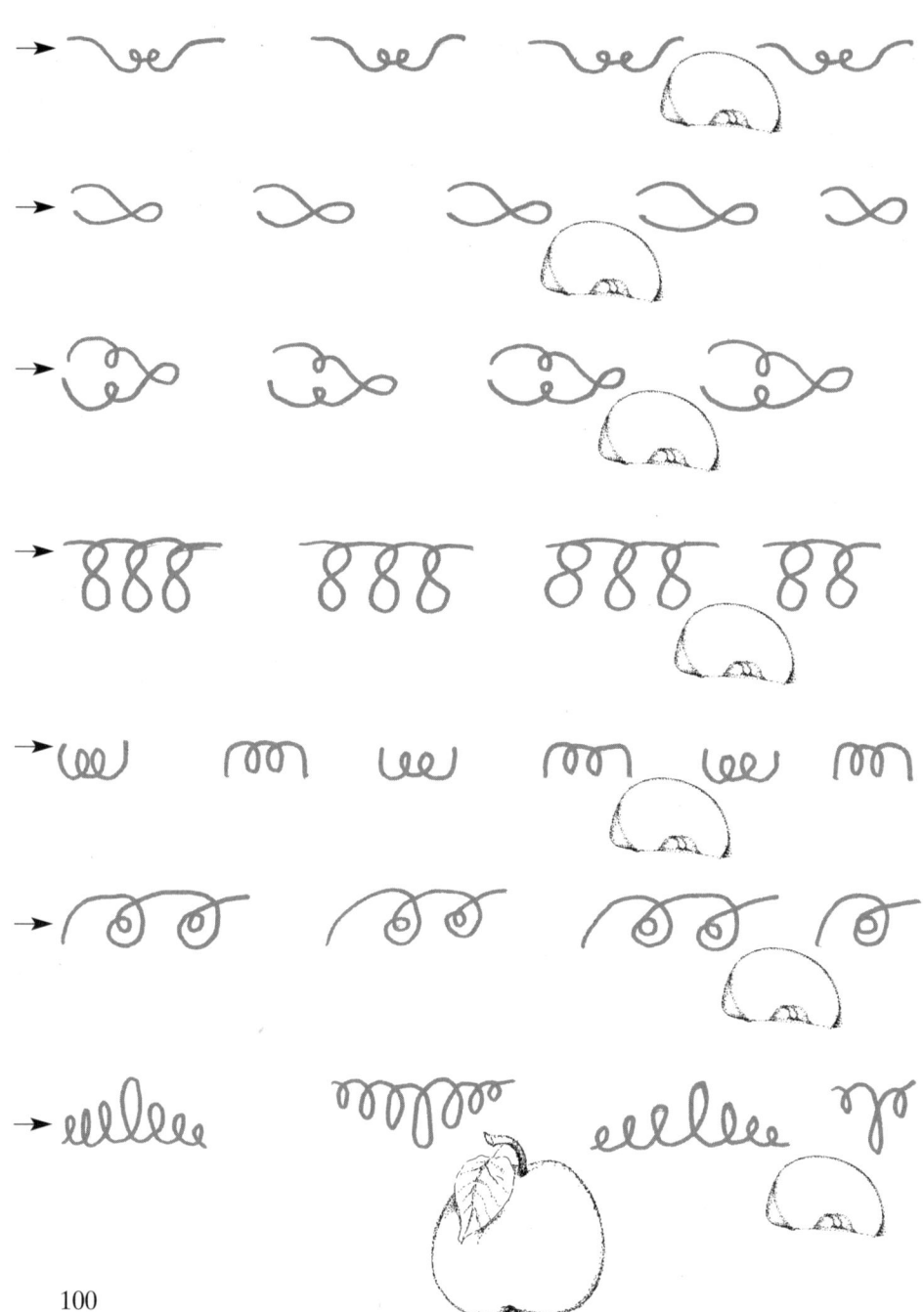

100

Blatt 10

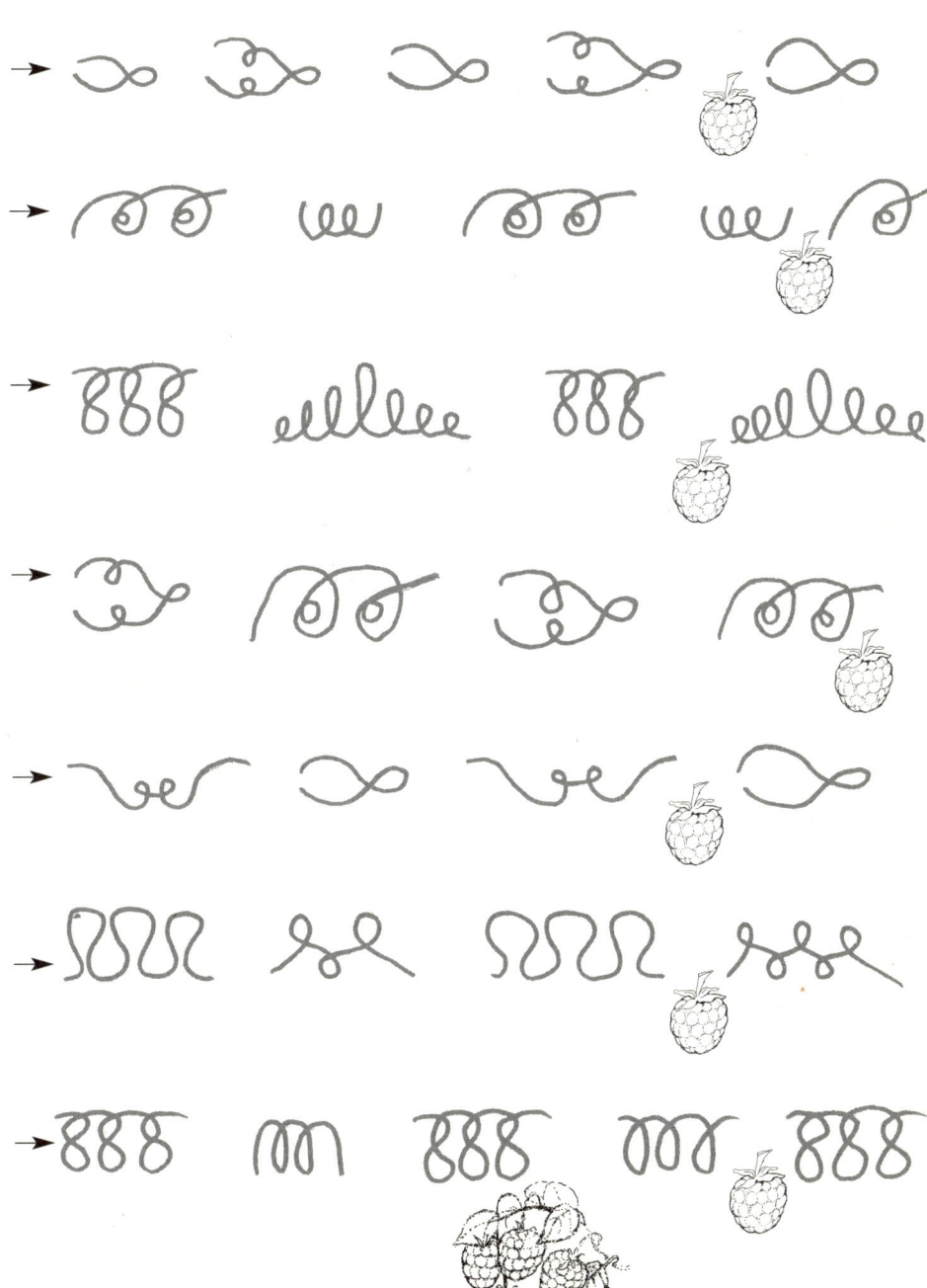

Blatt 11

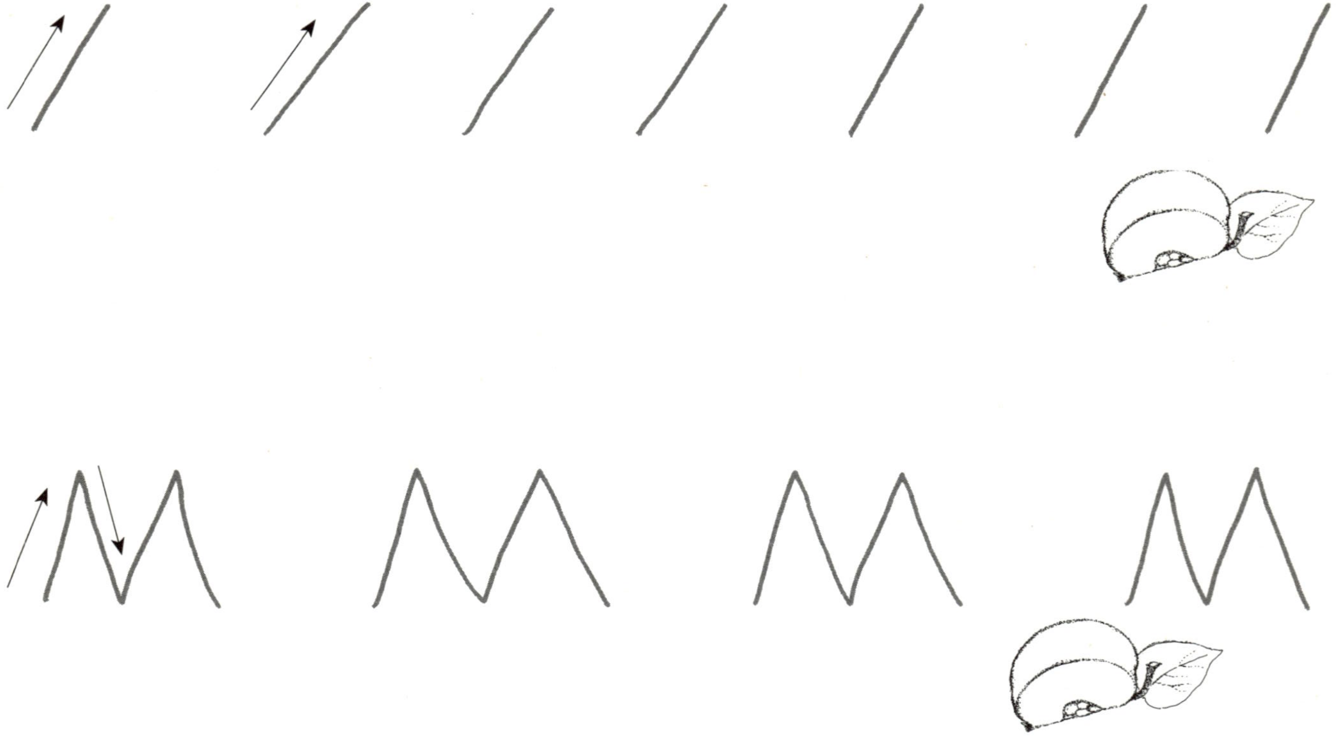

Blatt 12

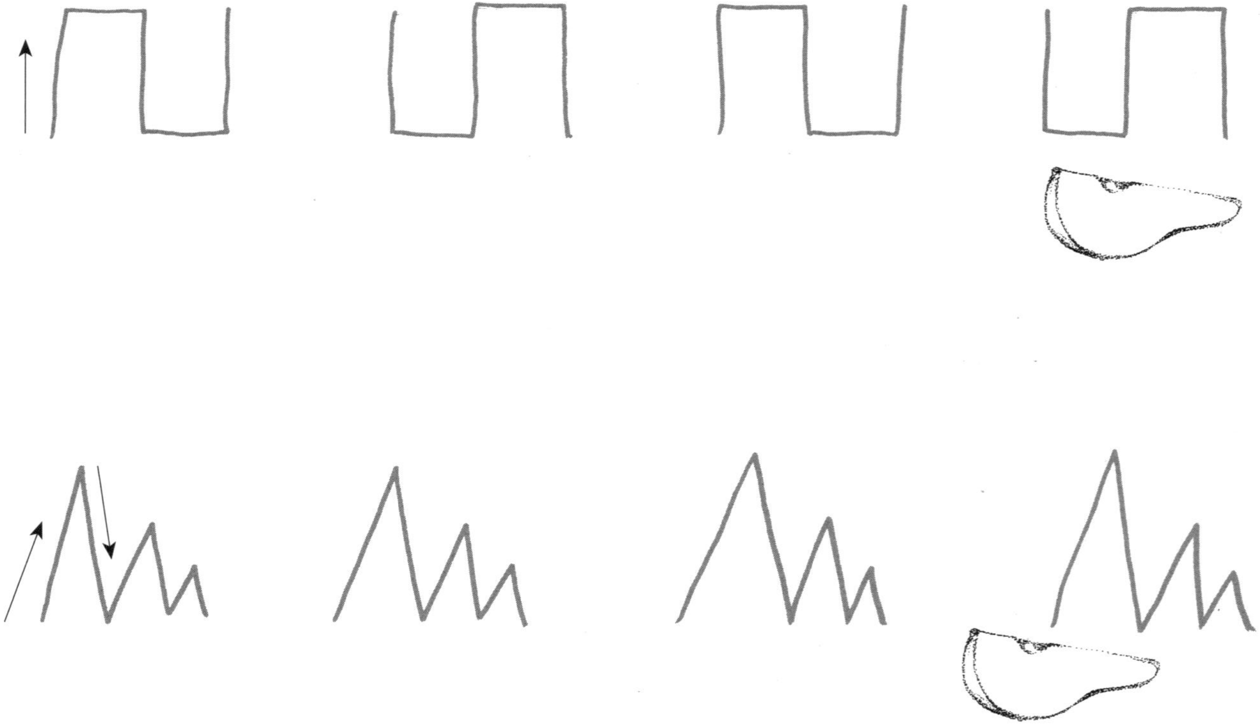

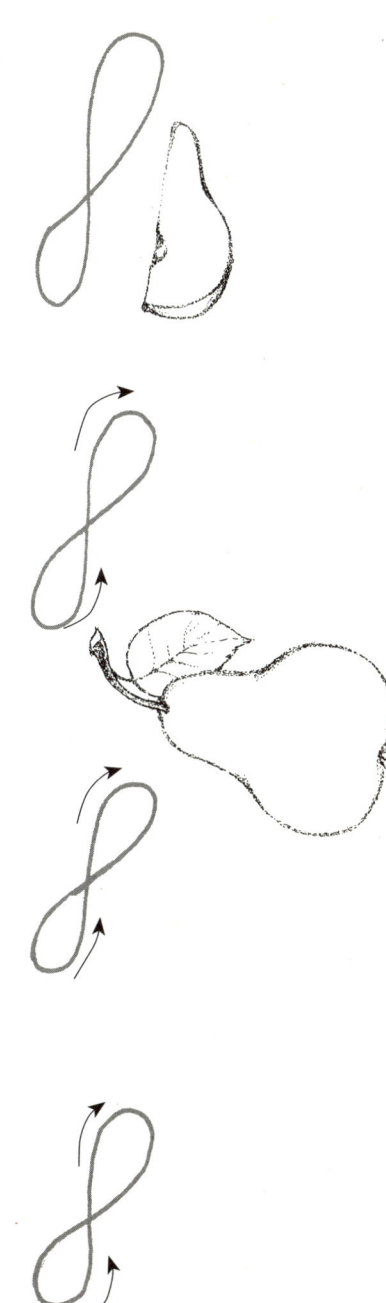

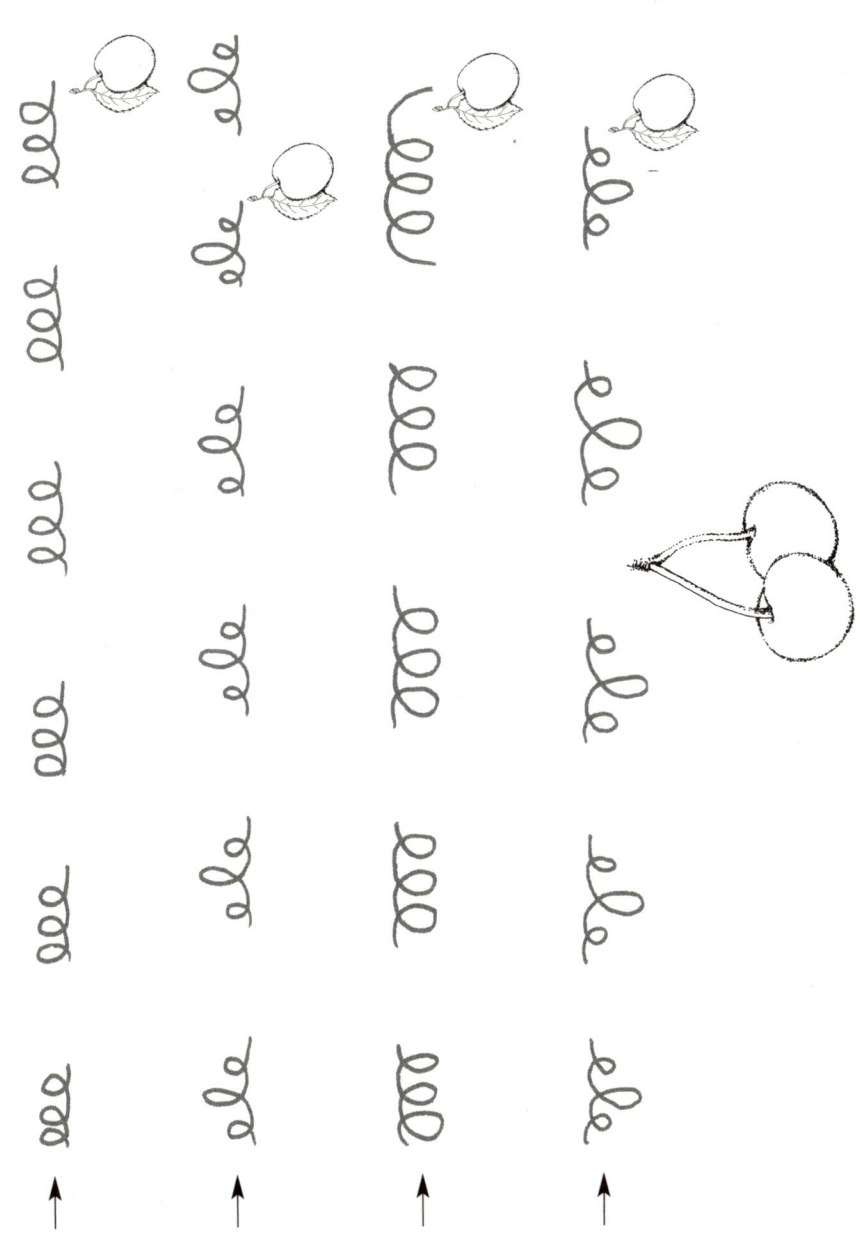

Blatt 14

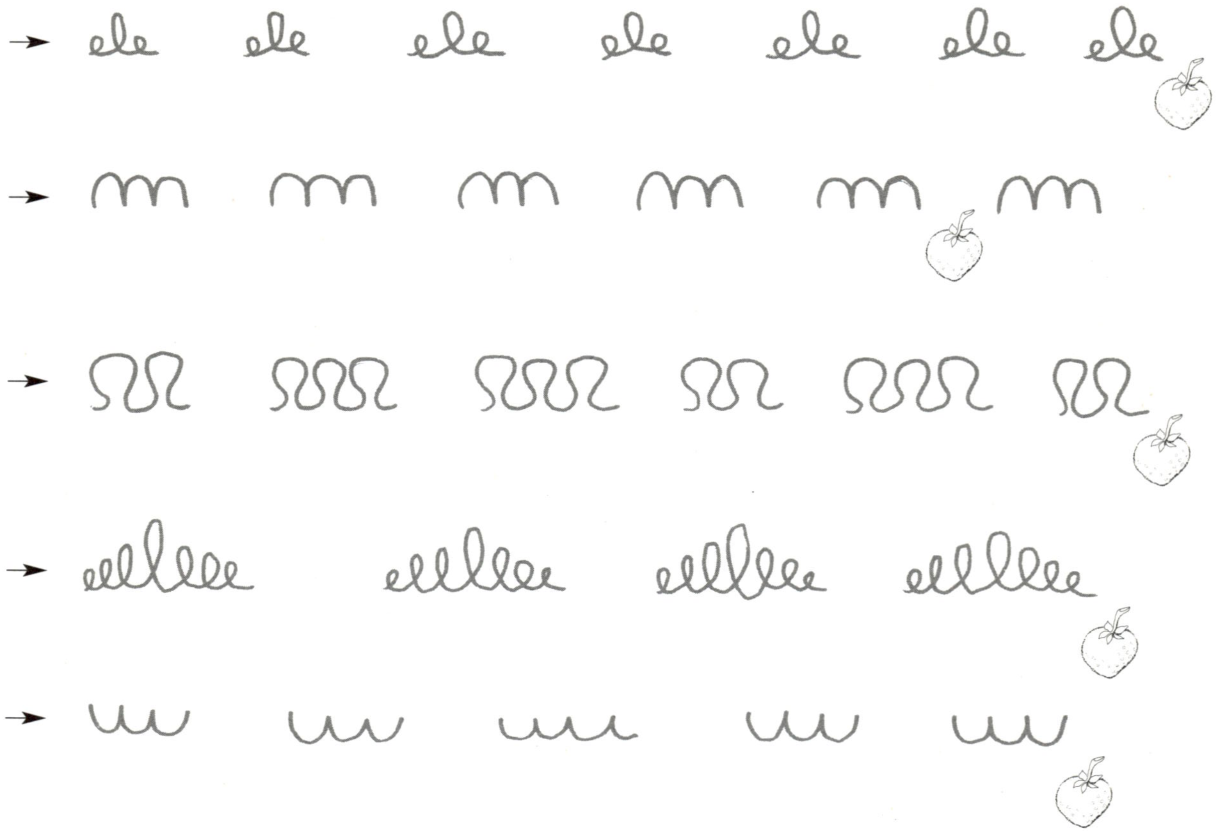

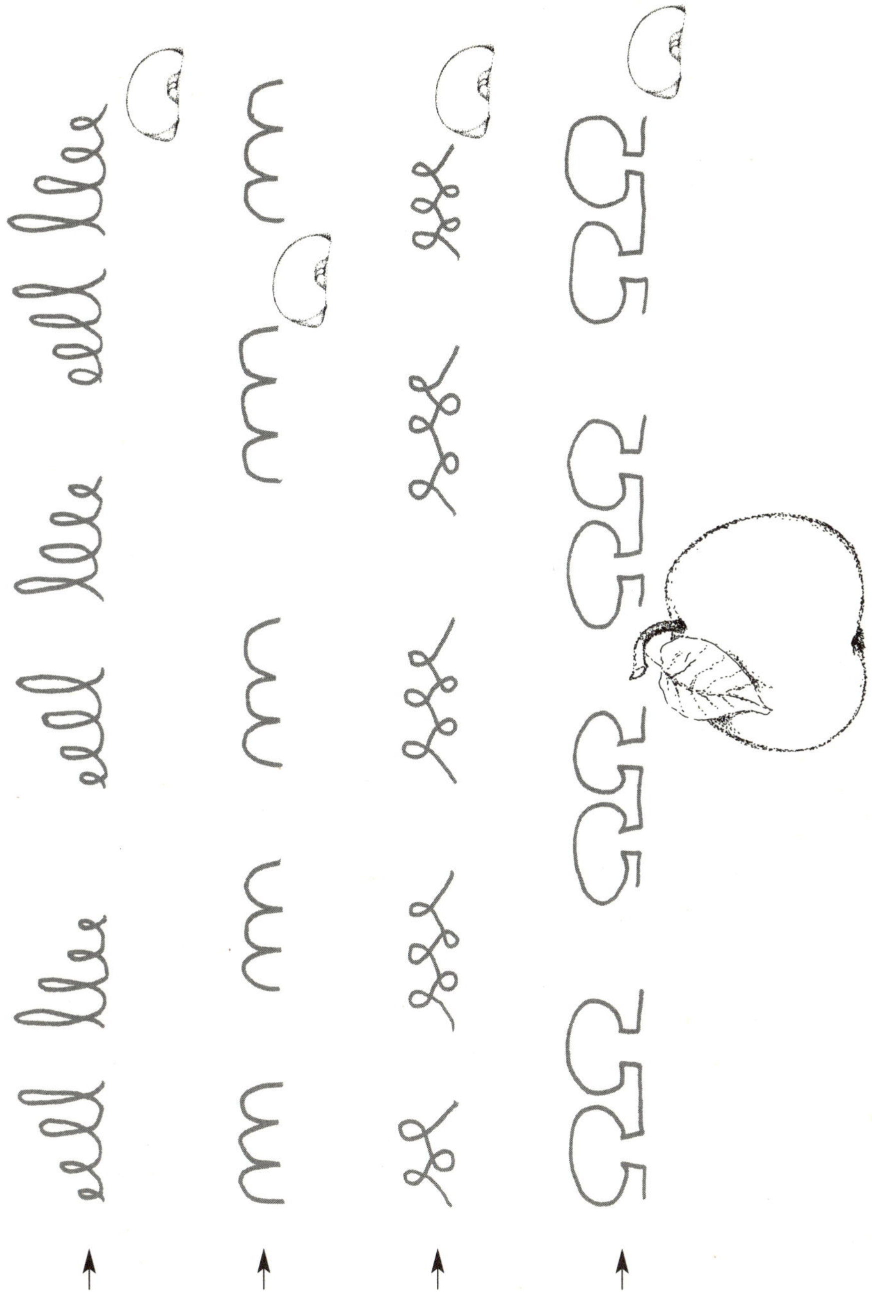

Blatt 16

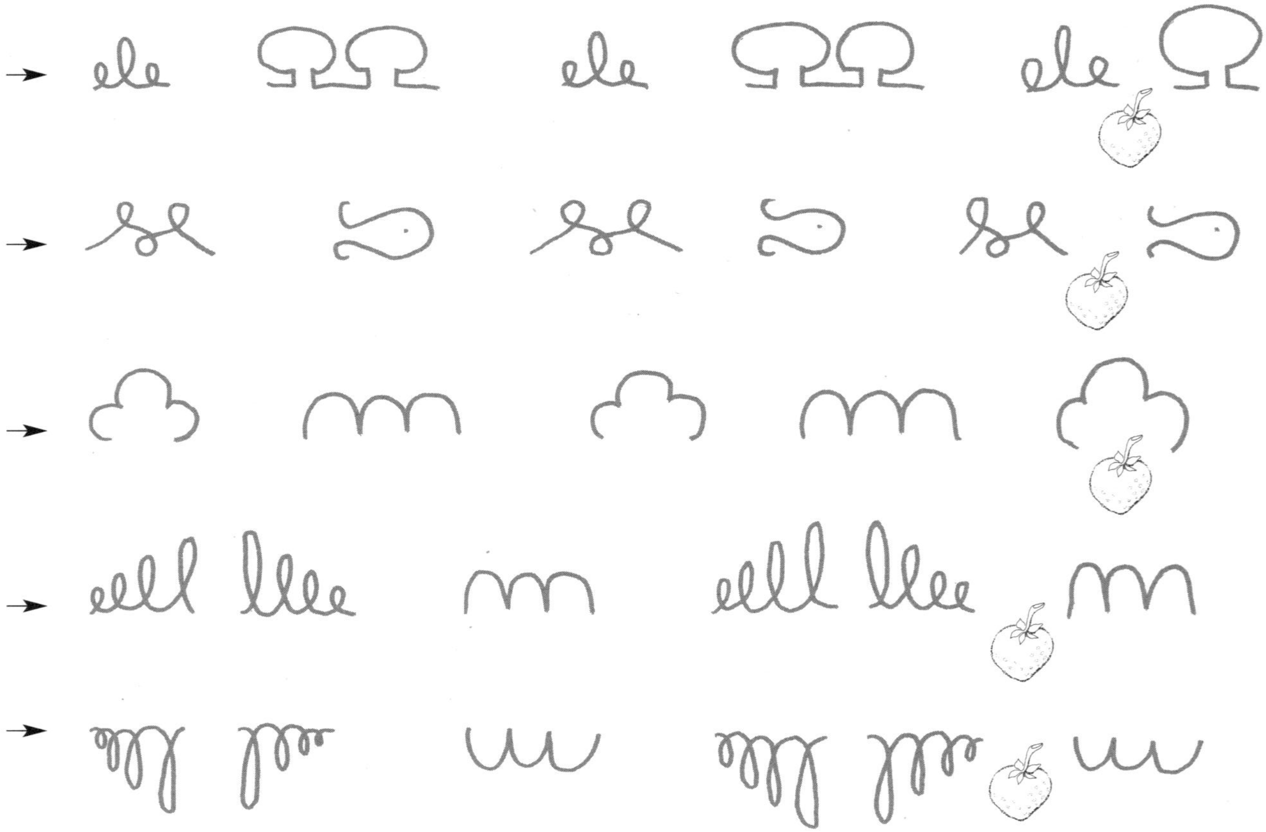

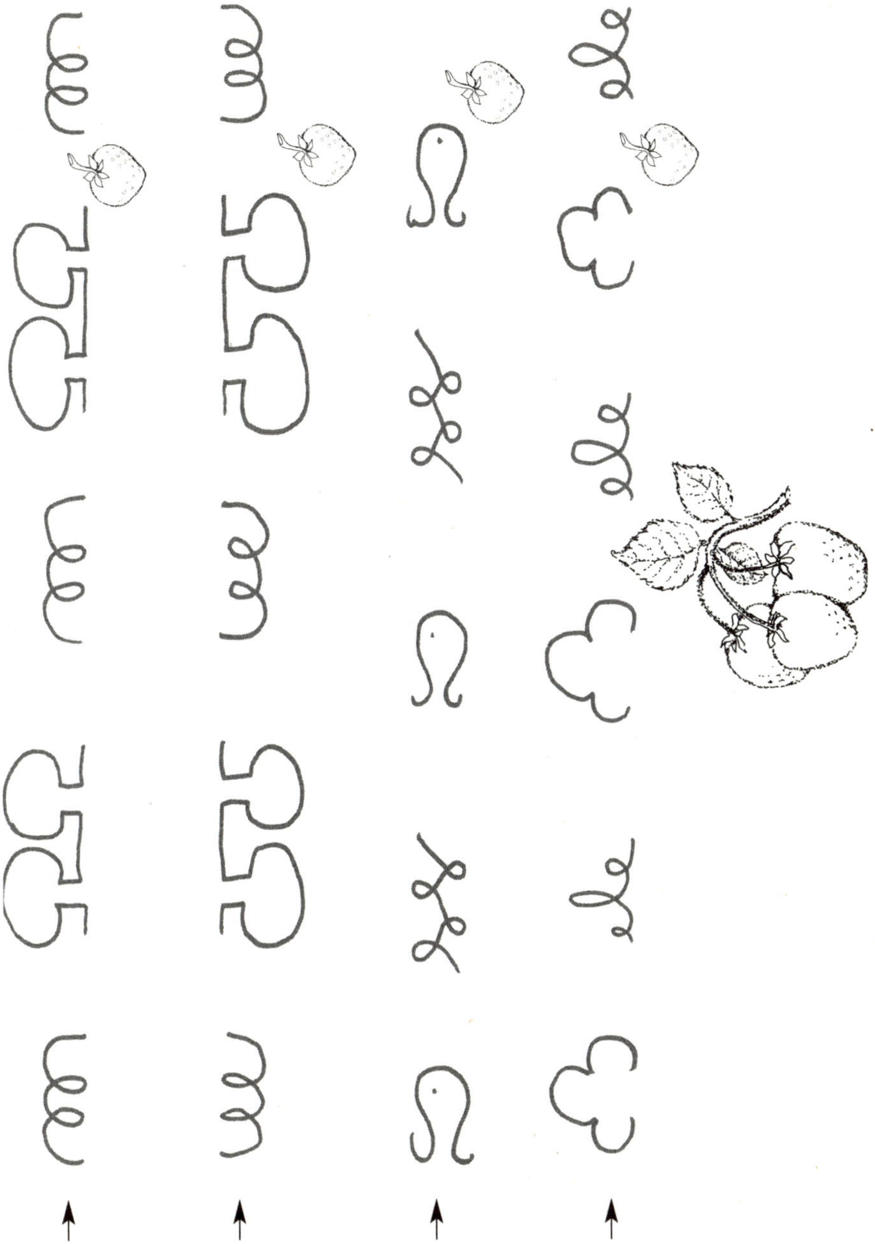

Blatt 17

Blatt 18

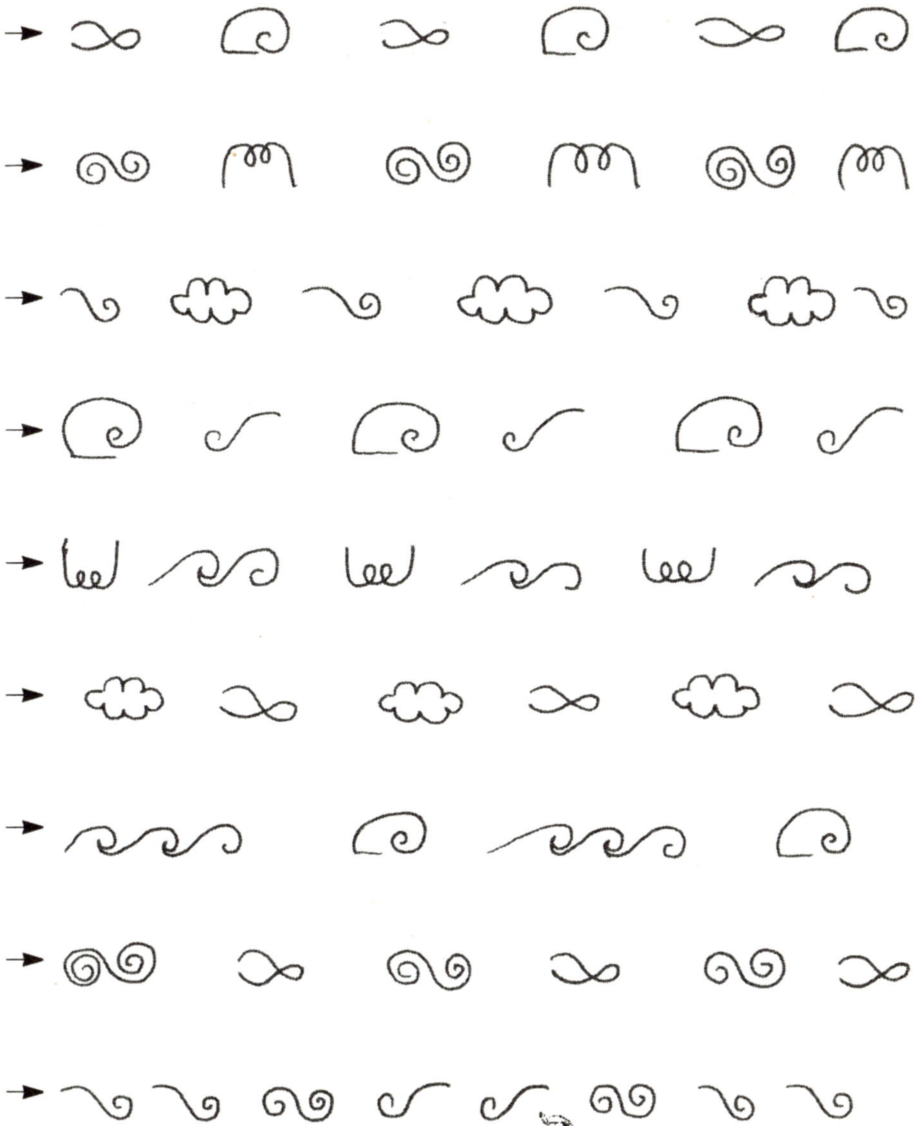

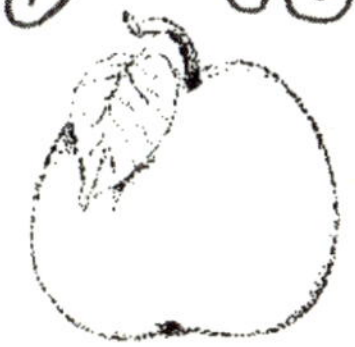

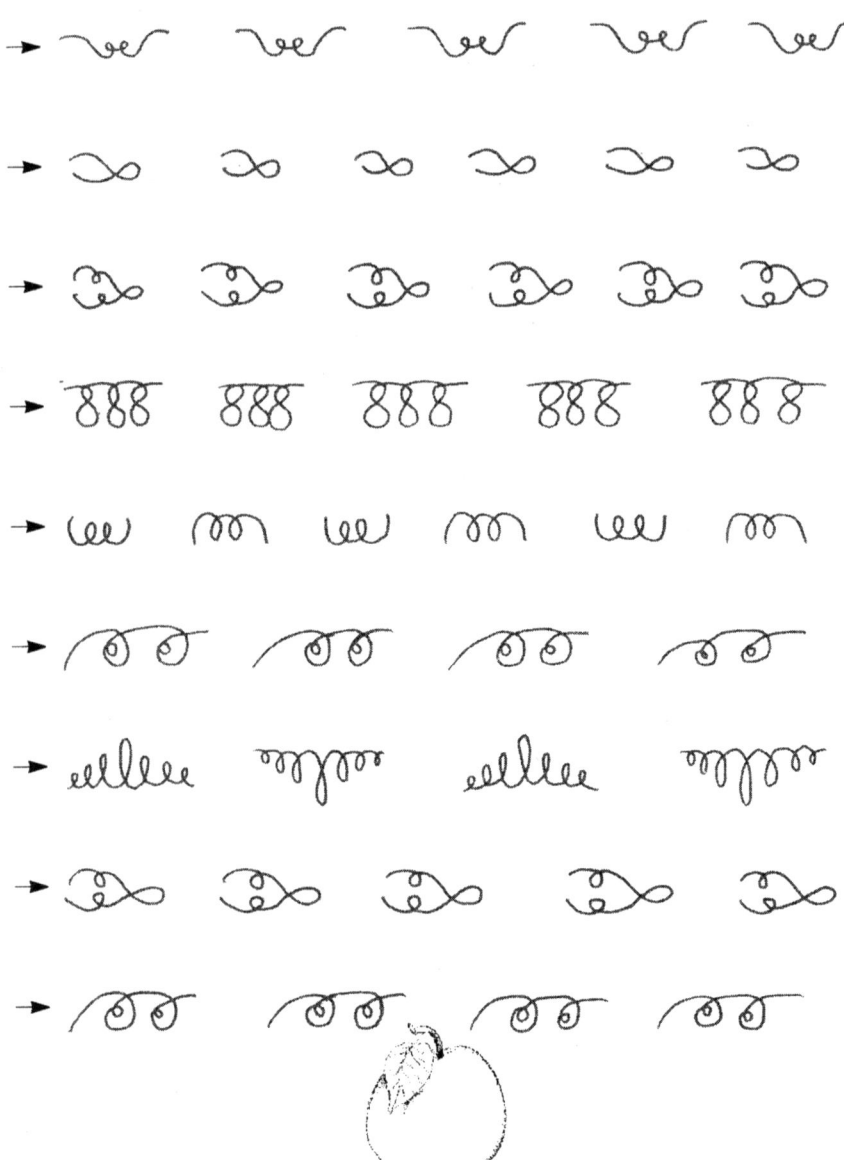

Blatt 20

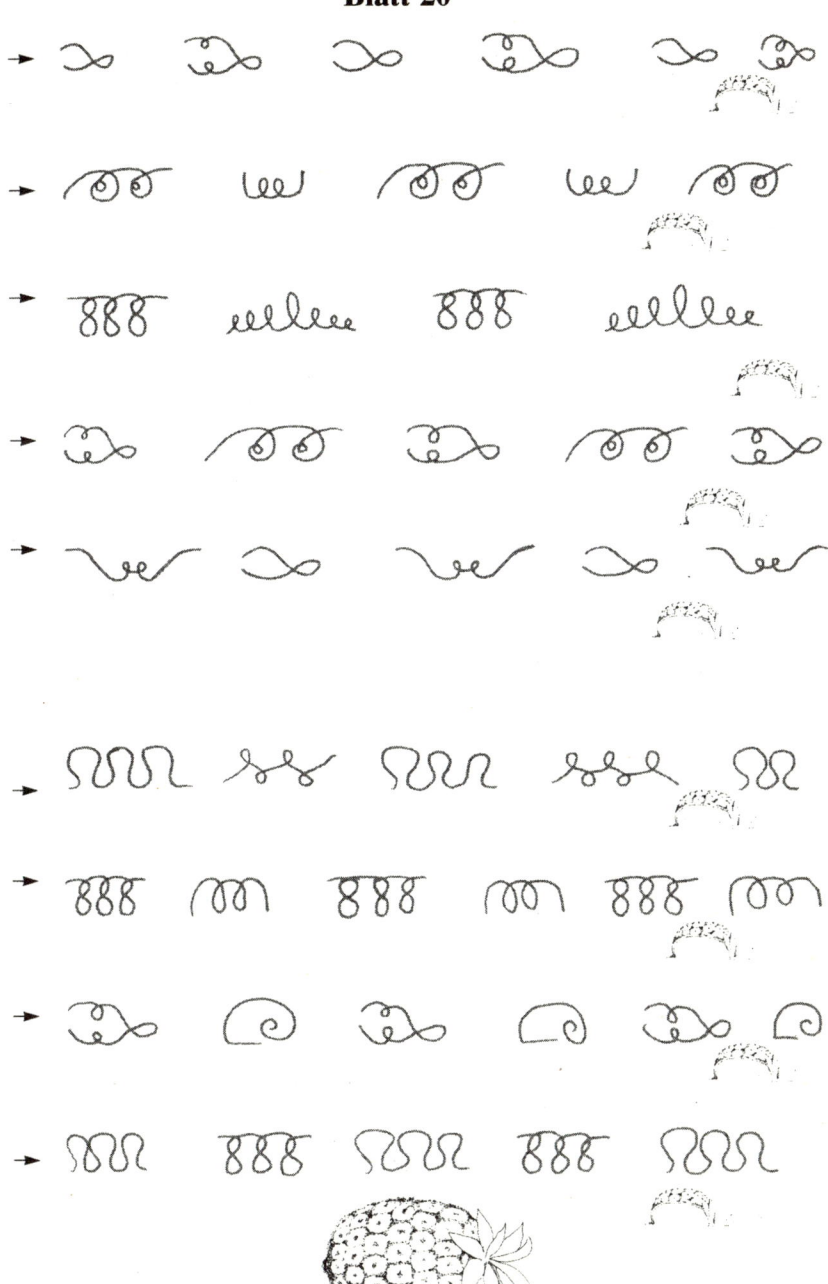

Blatt 21

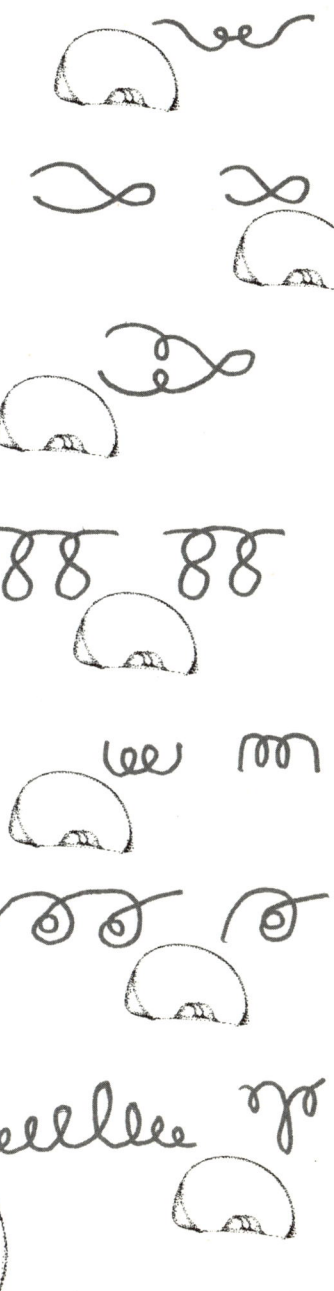

Alles Gute
von

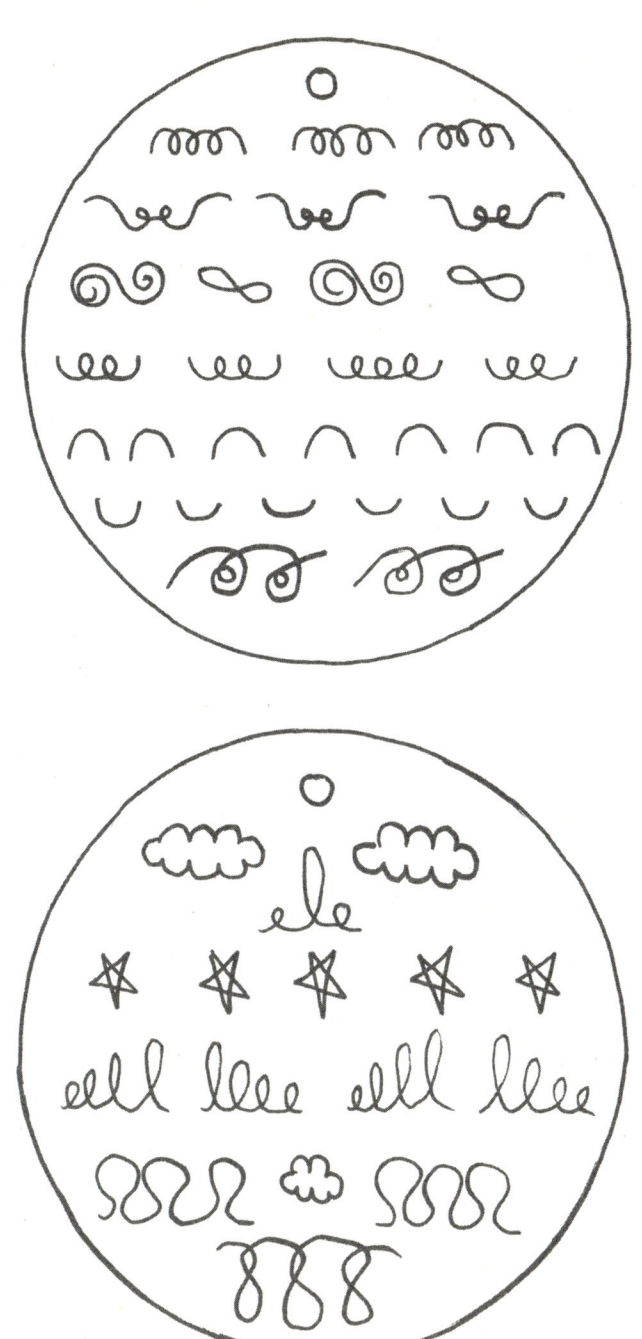

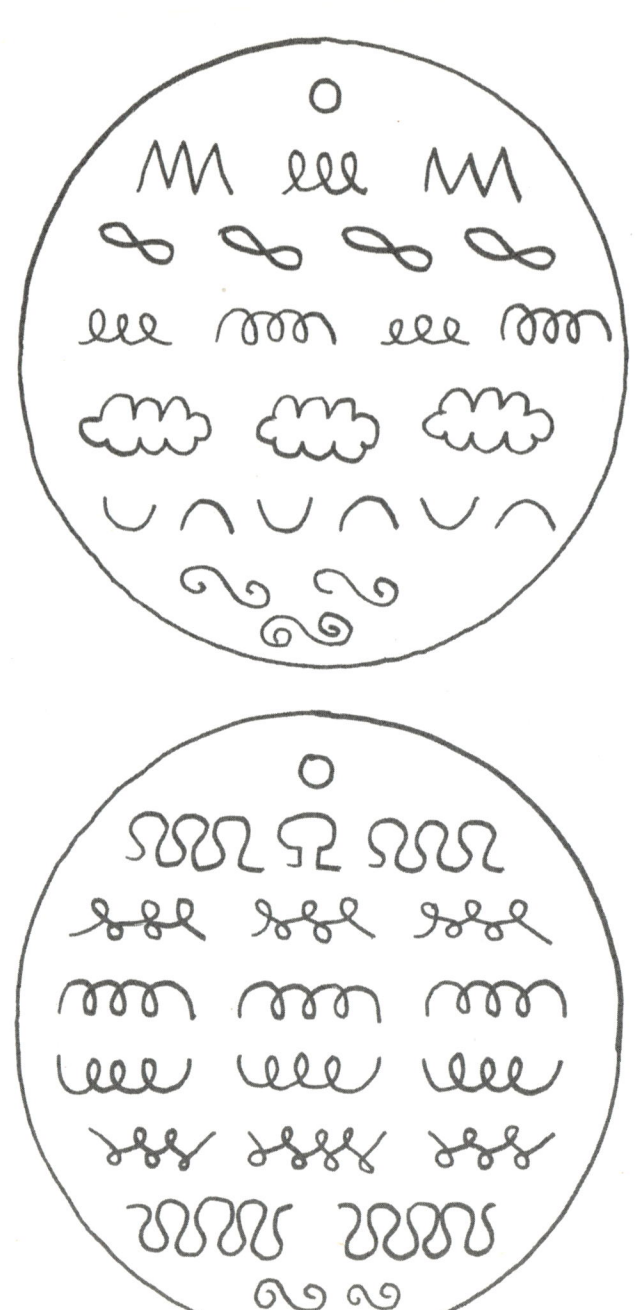

Frohe Ostern!

Übungen
zum Schneiden

1.

2.

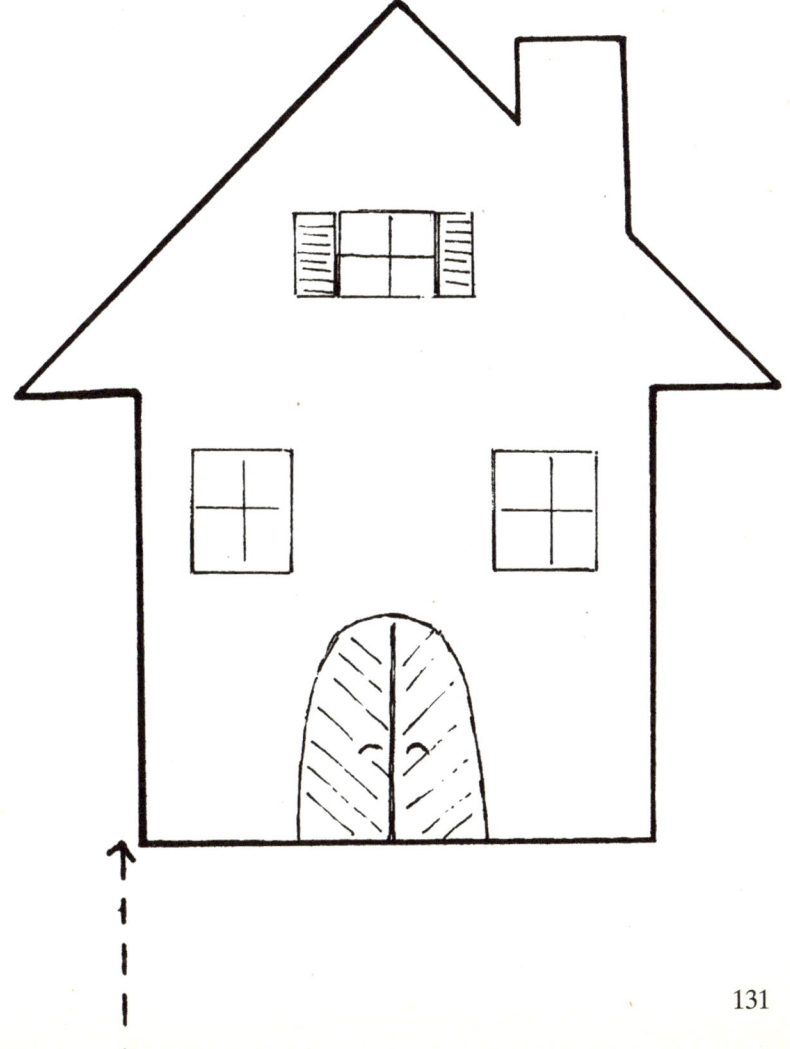

3.

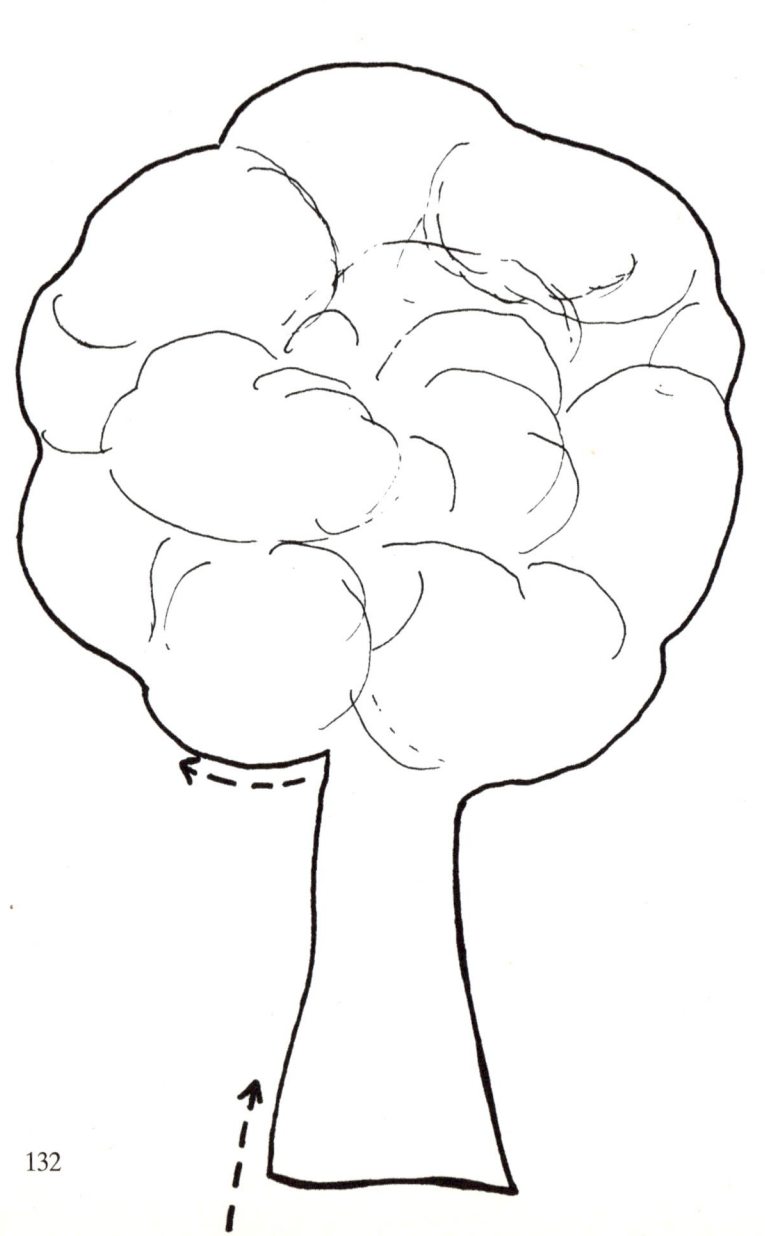

4.

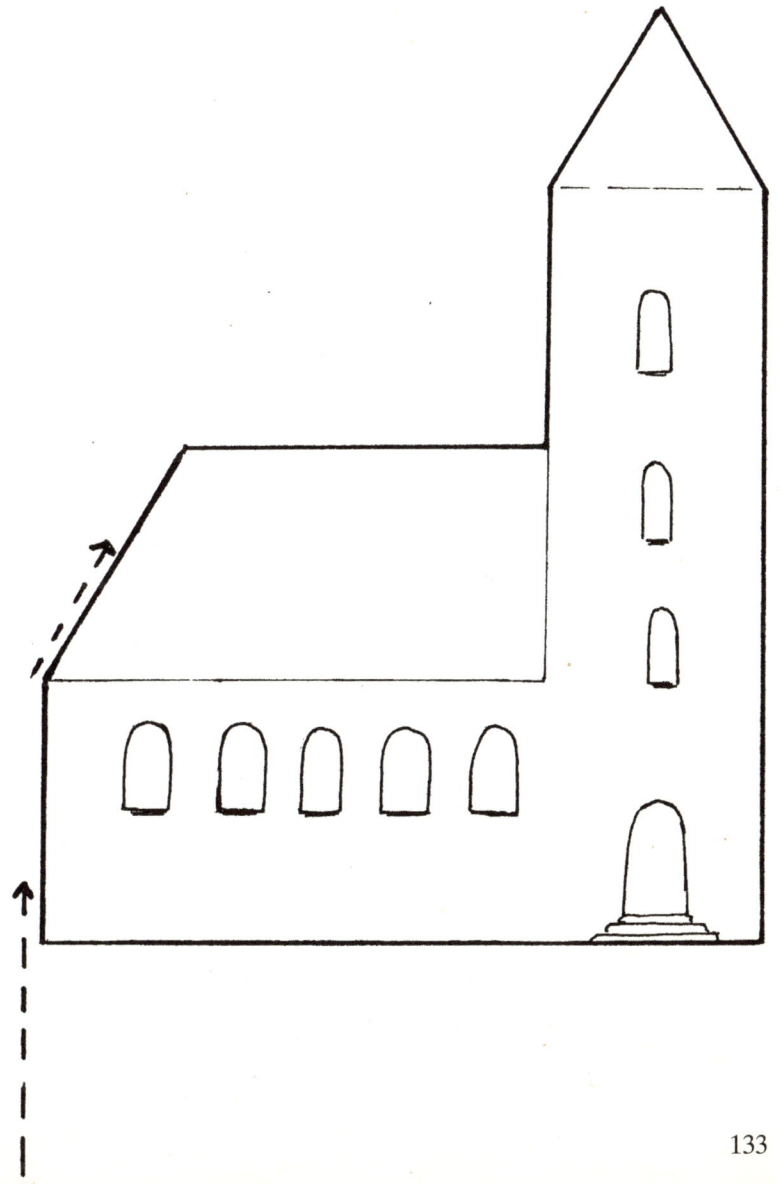

5.

6.

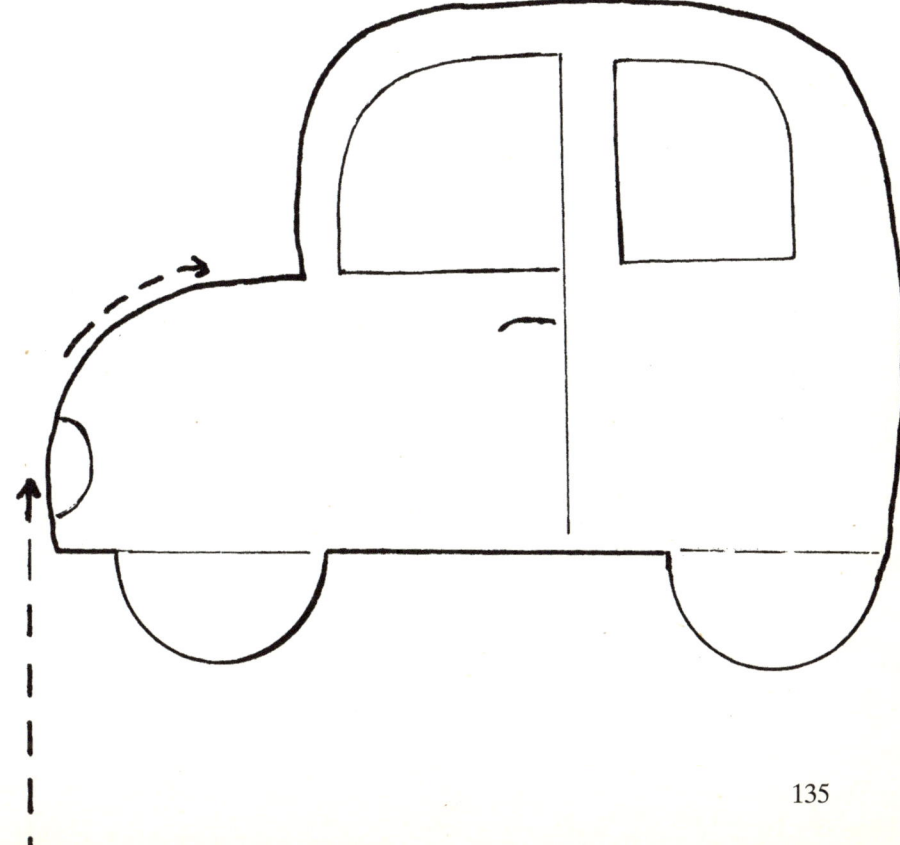

7.

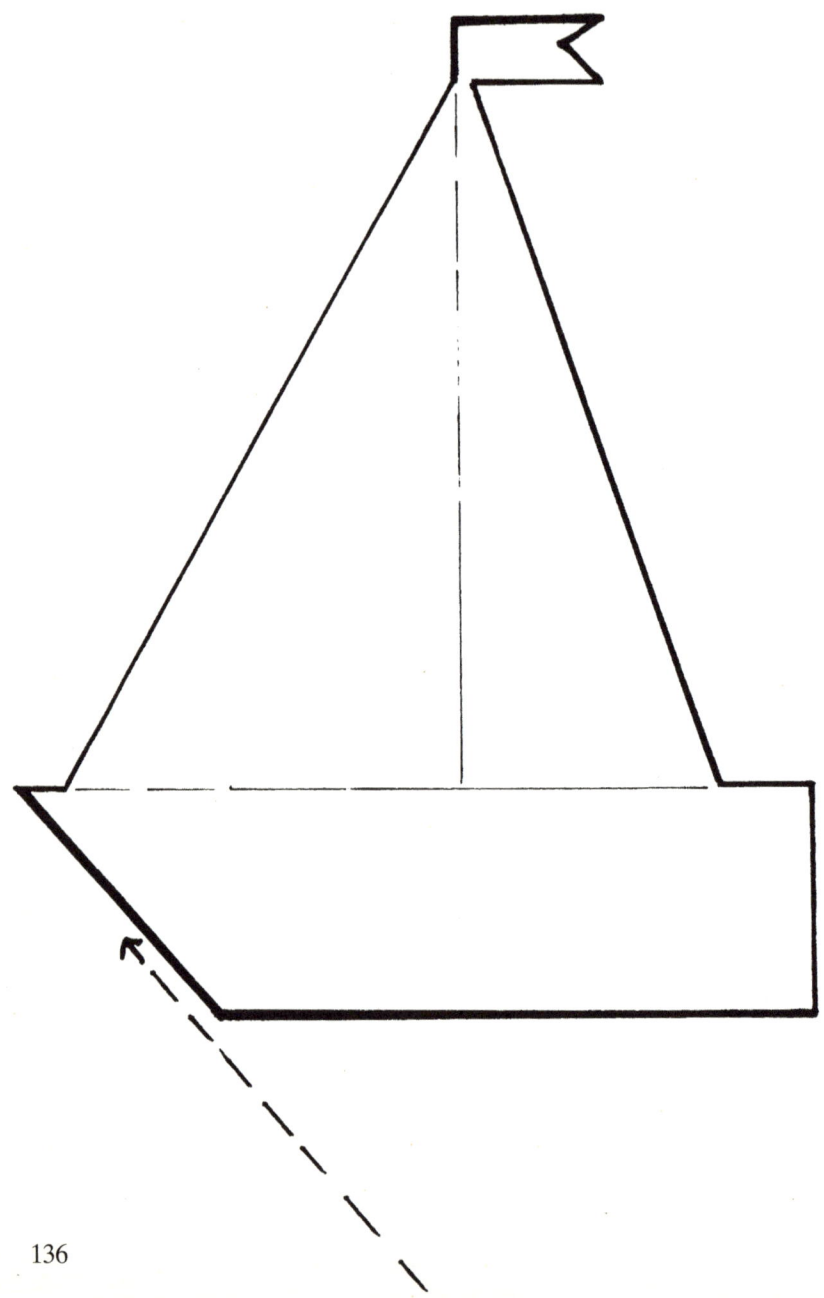

8.

9.

ANHANG

Literaturverzeichnis

Bareis, Alfred, Mit Kindern werken und gestalten. Auer Verlag, Donauwörth, 1995

Breithecker, Dieter, Gabi Dannhauser, „ „Jetzt helfen wir uns selbst'. Bauanleitung für eine Buchstütze und ein Aufsatzpult." In: Haltung und Bewegung, 3, 1990, S. 35–37

Goede, Julius de, Kalligrafie für Einsteiger. Schönschreiben lernen. Lehrbuch. Augustus Verlag, Augsburg, 1990

Goede, Julius de, Kalligrafie für Einsteiger. Schönschreiben lernen. Übungsbuch. Augustus Verlag, Augsburg, 1991

Goede, Julius de, Kalligrafie mit gotischen und Frakturschriften. Übungsbuch. Augustus Verlag, Augsburg, 1991

Katalog LAV – Linkshand-Artikel-Vertrieb, Schwanewede, 1985

Meyer, Rolf W., Linkshändig? Ein Ratgeber. Humboldt-Taschenbuchverlag, München, 1991, 1996[2]

Müller, Reiner, HYGIENE. Luft, Boden, Wasser, Nahrung, Kleidung, Körperpflege, Wohnung, Gewerbe, Eugenik. Urban & Schwarzenberg, Berlin, München, 1949[4]

Overbeck, Heinz, Seitigkeitsphänomene und Seitigkeitstypologie im Sport. Schriftenreihe des Bundesinstituts für Sportwissenschaft, Band 68. Verlag Karl Hofmann, Schorndorf, 1989

Pauli, Sabine, Andrea Kisch, Was ist los mit meinem Kind? Bewegungsauffälligkeiten bei Kindern. Ravensburger Buchverlag Otto Maier, Ravensburg, 1992, 1999[8]

Pauli, Sabine, Andrea Kisch, Geschickte Hände. Feinmotorische Übungen für Kinder in spielerischer Form. verlag modernes lernen, Dortmund, 1993, 1999[6]

Pauli, Sabine, Andrea Kisch, „Geschickte Hände. Die Handgeschicklichkeit bei Kindern von 5 bis 7 Jahren". In: Ergotherapie & Rehabilitation, Heft 6, November 1995, S. 594–600

Pauli, Sabine, Andrea Kisch, Geschickte Hände, wacher Verstand. Feinmotorik spielerisch entwickeln. Urania-Ravensburger, Berlin, 2001

Sattler, Johanna Barbara, Der umgeschulte Linkshänder oder Der Knoten im Gehirn. Auer Verlag, Donauwörth, 1995, 2008[10]

Sattler, Johanna Barbara, Das linkshändige Kind in der Grundschule. Erarbeitet im Auftrag des Bayerischen Staatsministeriums für Unterricht, Kultus, Wissenschaft und Kunst. Herausgegeben vom Staatsinstitut für Schulqualität und Bildungsforschung. Auer Verlag, Donauwörth, 1993, 2010[16]

Sattler, Johanna Barbara, Das linkshändige Kind – seine Begabungen und seine Schwierigkeiten. Eine Hilfe für Lehrerinnen und Lehrer zur Information beim Elternabend. Auer Verlag, Donauwörth, 2003, 2008[3]

Sattler, Johanna Barbara, Schreibunterlagen-Block für Linkshänder. Auer Verlag, Donauwörth, 1996, 2008[9]

Sattler, Johanna Barbara, Schreibtisch-Auflage für Linkshänder. Hochwertiger, rutschfester Kunststoff in den Farben Pop-Rot, Cobalt-Blau, Spring-Grün, Pink mit schwarzer Zeichnung und in der Farbe Schwarz mit weißer Zeichnung. Breite 53 cm, Höhe 42 cm, Auer Verlag, Donauwörth, 2004, 2008 und 2009

Sattler, Johanna Barbara, Linkshändige Kinder im Krippen- und Kindergartenalter. Eine illustrierte Praxishilfe für Erzieherinnen und Eltern. Auer Verlag, Donauwörth, 2007

Sattler, Johanna Barbara, „Das mach' ich doch mit links!" Linkshändige Kinder umfassend fördern. Aus Loseblattwerk: Fürsorge und Aufsicht in Kindergärten und Kindertagesstätten. RATGEBER SICHERHEIT. RAABE Fachverlag, Stuttgart, Berlin, Mai 2004

Schade, Ingrid, Kalligrafie. Gestalten mit Schrift. Falken-Verlag, Niedernhausen/TS, 1990

Schmauder, Martin, Johannes Josef Solf, Einfluss der Händigkeit bei der Handhabung von Arbeitsmitteln. Schriftenreihe der Bundesanstalt für Arbeitsschutz. Dortmund, 1992

Szócska, Sarah, Stricken leicht gemacht für Linkshänder. 1998. Vertrieb: sinErgo, Wasserburger Landstr. 167a, 81827 München

Wagner, Kira (Hrsg.), Stricken, Häkeln, Sticken. Schritt für Schritt für Rechts- und Linkshänder. Weltbild Verlag, Ausgsburg, 1995

Weber, Sylvia, Linkshändige Kinder richtig fördern. Reinhardt Verlag, München, 2003

Zapf, Hermann, Kreatives Schreiben. Anleitung und Alphabete. Ein neuartiges Instruktionsbuch zum Erlernen künstlerischer Schrift. Hamburg, 1985

Adressenliste

Netzwerk der Linkshänder-Beraterinnen und Linkshänder-Berater
www.lefthander-consulting.org/linkshaender-berater

Ergotherapeutenverbände:
Deutscher Verband der Ergotherapeuten (Beschäftigungs- und Arbeitstherapeuten) e.v., Postfach 2208, 76303 Karlsbad-Ittersbach

Verband der diplomierten Ergotherapeuten Österreichs
Sperrgasse 8–10, A-1150 Wien

Verband Schweizerischer Ergotherapeuten VSE
Stauffacherstr. 96, CH-8026 Zürich

Heilpädagogenverband:
Berufsverband der Heilpädagogen (BHP) e.V.
Rudolf-Kinau-Str. 1, 24782 Büdelsdorf b. Rendsburg

Erste deutsche Beratungs- und Informationsstelle für Linkshänder und umgeschulte Linkshänder
Sendlinger Str. 17, 80331 München, www.lefthander-consulting.org

Es werden Händigkeitstests und -beratungen durchgeführt und *Kindergruppen zur Schreibvorbereitung mit links* für Vorschulkinder und Erstklässer zur Vermeidung einer ungünstigen Schreibhaltung und Hakenhaltung „von oben". Weiter wird durch Öffentlichkeitsarbeit versucht, das allgemeine Verständnis für Linkshänder zu erhöhen. Fortbildungsveranstaltungen über Linkshänder und umgeschulte Linkshänder werden für die verschiedensten Berufsgruppen und am Thema Interessierte durchgeführt. Bei Anfragen wegen Infomaterial bitte Briefmarken beilegen. Auf Anfrage können zertifizierte Linkshänder-BeraterInnen im deutschsprachigen Raum genannt werden sowie Veranstaltungen von *Kindergruppen zur Schreibvorbereitung mit links.*

Interessenvereinigung für Linkshänder
Sendlinger Str. 17, 80331 München
Auf Grund der finanziell sehr angespannten Situation ist die Arbeit der Interessenvereinigung momentan auf ein Minimum reduziert. Es ist aber vorgesehen, diese Selbsthilfetätigkeit in absehbarer Zukunft wieder zu aktivieren, und das in direkter Zusammenarbeit mit der Beratungs- und Informationsstelle für Linkshänder und umgeschulte Linkshänder.

Bundesarbeitsgemeinschaft zur Förderung haltungs- und bewegungsauffälliger Kinder und Jugendlicher e.V.
Friedrichstr. 14, 65185 Wiesbaden

Läden und Versand für Linkshänder-Gebrauchsgegenstände:

Baden-Württemberg
- Firma Hainlin & Co., Königstr. 1, **70173 Stuttgart**
- Laden für Linkshänder, Brigitte Dekker, Schulstr. 2, **76571 Gaggenau**
- ZAUBERKISTE, Sachen für Linkshänder, Wiebke Kaas, Aufkircherstr. 17, **88662 Überlingen**

Bayern
- sinErgo, Versand für Linkshänder – auch im Internet, János Attila Szócska, Gramannstr. 2, **85540 Haar** E-Mail: info@sinErgo.com, www.sinergo.com
- Kaut-Bullinger & Co., Rosenstr. 8, **80331 München**
- Computerservice, Lothar Schuberth, Bogenberger Str. 7, **84048 Mainburg**
- Linkshänder e. V., Postfach 90 07 26, **81507 München**
- tk-tec & design e. V., Karin Tzschorn, Lugecksiedlung 5, **88131 Lindau**

Berlin
- Linkshändler – Alles für Linkshänder, Reinald Petersen, Schmargendorfer Str. 34, **12159 Berlin**

Hamburg
- Lieb-Links, Franziska Schmidt, Am Diebsteich 1a, **22761 Hamburg**

Hessen
- Guckloch e. K., Material für Psychomotorik und Linkshänder, Schöne Aussicht 11, **35585 Wetzlar-Blasbach**
- Internetshop und Ladengeschäft, Erika Link, Goethestr. 15, **63263 Neu-Isenburg**
- Lernmaterial & Linkshändigkeit, Kornelia Oetzel, Mathilde-Franziska-Anneke-Str. 16, **68519 Viernheim**
- Linkshandversand, PC Projekt GmbH, Tan & Ralf Diederich, Adelheidstr. 77, **65185 Wiesbaden**

Niedersachsen
- SINISTRIUS, Der Versand für den Linkshänder, Postfach 17 09, **27737 Delmenhorst**
- LAV – Linkshand-Artikel-Vertrieb, Herstellung, Einzel- und Großhandel für Artikel für Linkshänder, Postfach 12 08, **28785 Schwanewede**
- Quelle-Shop, Dörte Augustiniak, Trenthöper Weg 2, **28790 Schwanewede**
- Links-Krams für Kinder & Co., Linkshänderbedarf, Jörg Dickmann, Am Feuerwehrhaus 10, **29223 Celle-Altenhagen**
- LAFÜLIKI, Laden für linkshändige Kinder und Versand, Jörg und Cerstin Bayer, Schöttlingerstr. 7a, **31698 Lindhorst**

Nordrhein Westfalen	– Li-Ha Schreibwaren für Linkshänder, Thomas Haubrich, Augustastr. 7, **53173 Bonn** – SML – Stark mit Links, Verkauf und Versand von Linkshandartikeln, Hedwig Stark, Zum Lenzenkamp 2, **41812 Erlkelenz-Immenrath** – Mit LINX*, Handel für Linkshänder/Innen, W. Herchenhan, Wiemespfad 24, **47918 Tönisvorst**
Sachsen-Anhalt	– Künstlerbedarf und mehr, Frau Fischer, Steinweg 55, **06110 Halle** – Linkshandprodukte im Fachgeschäft für Stahlwaren (nur Schneidinstrumente), Klaus-Peter Lehmann, Gr. Kalandstr. 10, **06667 Weißenfels** – LIVE, Linkshand- und Bedarfsartikel Versand, Dietlinde Stübner, Im Heidefeld 38, **39175 Wahlitz**
Thüringen	– activus e-shopping GmbH, Heiko Hilscher, Furthmühlgasse 2, **99084 Erfurt** – Leonardo, Linkshänderberatung und Verkauf, Heike Schippel, Berluchstr. 19, **99423 Weimar**
ÖSTERREICH	– Dar Zäodl, Schreibwaren-Büromaterial-Linkshändershop, Erich Hagen, Maria-Theresien-Str. 19, **A-6890 Lustenau**, E-Mail: hagen.erich@zaeodl.at
SCHWEIZ	– linkerhand, Brigitte Eichkorn, Schlettstadterstr. 34, **CH-4055 Basel** – iLinki, Brigitte Eigenmann, Hauptstr. 88, **CH-9434 Au**

Stand: 04. 08. 2010

Hersteller von Musikinstrumenten für Linkshänder:

- Hohner AG, Matth., Postfach 12 60, 78636 Trossingen
  (modifiziert Instrumente auf individuelle Anfrage)
- Moeck Verlag und Musikinstrumentenwerk, Postfach 31 31, 29231 Celle
- Mollenhauer, Conrad, Postfach 7 09, 36007 Fulda
  (modifiziert Holzflöten auf individuelle Anfrage)
- Yamaha, Siemensstr. 22–34, Postfach 14 63, 25462 Rellingen

Hersteller von Federn zum Kalligrafieren für Linkshänder:

- rotring-werke Riepe KG, Schnackenburgallee 41–45, 22525 Hamburg
- Osmiroie (Markenname), hergestellt von Berol Corporation, Berol
  Limited, Oldmedow Road, King's Lynn, Norfolk, England PE 30 4 JR
- Sheaffer INC., 301 Avenue H, Fort Madison, IA, USA 52627

Bezugsquellen von Grippys und Schreibhilfen:

- Hilary Grossmann, Rote Straße 22–24, 24937 Flensburg
- KUM GmbH & Co. KG, Essenbacher Str. 2, 91054 Erlangen,
  www.kum.net
- Lehrmittel Heptner, Homburgstr. 9 A, 78244 Singen
- Verlag an der Ruhr, Postfach 10 22 51, 45422 Mülheim / Ruhr,
  Alexanderstr. 54, 45472 Mülheim / Ruhr

Bild- und Textnachweis

Zeichnungen

Sibylle Weimer-Weinbrenner, Günzburg: Seite 16/17, 18, 48, 50, 52,
  Fruchtzeichnungen 92–119, Schrift 120–128
Professor Angelika Benamara-Nordmann, Berlin: Entwurf der Schmuck-
  blätter Seite 121–128
Dr. Johanna Barbara Sattler, München: Seite 58, 76, 78, 92–140
  (Nachspurübungen)
Gertraud Heiderscheid, München: Seite 130 (entnommen aus: Das links-
  händige Kind in der Grundschule, S. 54)

Fotos

Dr. Ivo-Kurt Cizek, München: Seite 19, 20, 22, 23, 27, 28, 29, 31, 32, 36,
  37 u., 41, 42, 44 u., 45, 57, 58, 59 l., 60, 61, 65, 66, 72, 73, 74, 76, 77, 78, 79, 83
Dr. Johanna Barbara Sattler, München: Seite 14, 21, 24, 27 o. l., 42, 43,
  44 o., 59 r.
Titel und erste Innenseite: The White House, Washington D. C.
Firma Herlitz, Berlin: Seite 38
Firma Lamy, Heidelberg: Seite 30, 33
Agentur Grauel Uphoff, Hannover: Seite 35
Firma Online: Seite 34
Firma Schneider, Wernigerode: Seite 37 o.

Die Geschichte vom Zauberbaum verfasste Dr. Ivo-Kurt Cizek, München

Register

Weitere Titel von Dr. Johanna Barbara Sattler:

Das linkshändige Kind – seine Begabungen und seine Schwierigkeiten

Eine Hilfe für Lehrerinnen und Lehrer zur Information beim Elternabend

Dieser Band erleichtert die Vorbereitung auf eine sachkundige Beratung von Eltern linkshändiger Kinder. Er enthält ein ausgearbeitetes Referat für den Elternabend, Kopiervorlagen zur Erstellung von Folien für den Tageslichtprojektor und Vorlagen für Informationsblätter mit Tipps, was Mütter und Väter bei der Erziehung eines linkshändigen Kindes beachten sollen.

72 S., DIN A4

▸ Best-Nr. **03491**

Die Psyche des linkshändigen Kindes

Von der Seele, die mit den Tieren spricht

Die Autorin wendet sich sowohl an Eltern linkshändiger Kinder als auch an die Linkshänder selbst. Gleichermaßen möchte sie aber auch Pädagogen und Therapeuten auf unterschiedliche Reaktions- und Denkweisen von Links- und Rechtshändern aufmerksam machen. Ihr Ziel ist es, mehr Verständnis für die Händigkeitsproblematik, besonders bei Kindern, aber auch bei Erwachsenen zu vermitteln.

328 S., 14,8 x 21 cm

▸ Best-Nr. **03091**

Das linkshändige Kind in der Grundschule

Eine leicht verständliche Darstellung der Problematik der Linkshändigkeit.

Zahlreiche praktische Anleitungen helfen den Linkshändern, sich nicht mehr als benachteiligte Minderheit zu fühlen und durch modifizierte Lern- und Arbeitsbedingungen tatsächliche Benachteiligungen abzubauen.

Mit Fragebögen zur Bestimmung der Händigkeit, zur Abgrenzung von umgeschulter Händigkeit und Teilleistungsstörungen sowie Argumenten für das Elterngespräch.

144 S., 14,8 x 21 cm

▸ Best-Nr. **02532**

Bequem bestellen direkt beim Verlag!
Telefon: 09 06 / 73 - 240 | Fax: 09 06 / 7 31 78
E-Mail: info@auer-verlag.de | Internet: www.auer-verlag.de

Auer

Auer empfiehl

Die praktischen Helfer:

Linkshändige Kinder im Krippen- und Kindergartenalter

Eine illustrierte Praxishilfe für Erzieherinnen und Eltern

Durch leicht verständliche Texte, viele detaillierte Zeichnungen und Abbildungen werden die Handlungsabläufe beim Spielen, Malen, Schleife binden und Hantieren demonstriert. Die Handhabung von Gebrauchsgegenständen wie z.B. Schere, Spitzer und vieles andere mehr wird für Erzieherinnen, Eltern, Großeltern und linkshändige Kinder leicht nachvollziehbar dargestellt.

156 S., 21 x 27 cm

▶ Best-Nr. **04465**

Schreibvorübungen für Linkshänder mit Jobasa

Teil 1: Buchstaben
I,O,U,V,W,D,B,R,H

Teil 2: Buchstaben
Q,T,P,N,E,L,M,G,S,C,F,K,Z,A,X,J,Y

Die speziell auf linkshändige Kinder zugeschnittenen Konzepte dieser Übungshefte bieten ihnen ab dem 4. Lebensjahr genaue Hilfe, durch die sie spielerisch Interesse an Sprache und Schrift entwickeln. Nebenbei wird eine lockere, unverkrampfte Schreibhaltung entwickelt.

Teil 1:

48 S., DIN A4

▶ Best-Nr. **06609**

Teil 2:
48 S., DIN A 4

▶ Best-Nr. **06865**

Übungsheft für Linkshänder

Unter Anleitung von Eltern Erziehrer/innen, Ergothera peut/innen und Lehrkräfte können diese Übungen vor bereitend und begleitend das linkshändige Kind zur unverkrampften Schreibha tung führen.

Spaß und Freude an der Ausführung der Nachspürübungen stehen im Vordergrund. Ziel ist auch das Erlernen einer lockerer Körperhaltung als Vorbere tung für das Schreiben.

Kurze Anwendungshinweise erleichtern den Gebrauch des Heftes.

44 S., DIN A4

▶ Best-Nr. **02925**

Bequem bestellen direkt beim Verlag!
Telefon: 09 06 / 73-240 | Fax: 09 06 / 7 31 78
E-Mail: info@auer-verlag.de | Internet: www.auer-verlag.de